魏晉南朝
恩赦制度的探討

陳 俊 強 著

文史哲學術叢刊

文史哲出版社印行

國家圖書館出版品預行編目資料

魏晉南朝恩赦制度的探討 / 陳俊強著. -- 初
版 -- 臺北市：文史哲, 民 104.03 印刷
　　頁；　公分（文史哲學術叢刊；14）
參考書目：　頁
ISBN 978-957-549-120-8 (平裝)

1. 法制-中國-魏晉南北朝（220-588）

580.922　　　　　　　　　　　87000956

文史哲學術叢刊　14

魏晉南朝恩赦制度的探討

著　　者：陳　　　俊　　　強
出 版 者：文　史　哲　出　版　社
　　　　　http://www.lapen.com.tw
　　　　　e-mail：lapen@ms74.hinet.net
登記證字號：行政院新聞局版臺業字五三三七號
發 行 人：彭　　　正　　　雄
發 行 所：文　史　哲　出　版　社
印 刷 者：文　史　哲　出　版　社
　　　　　臺北市羅斯福路一段七十二巷四號
　　　　　郵政劃撥帳號：一六一八○一七五
　　　　　電話886-2-23511028 · 傳真886-2-23965656

實價新臺幣三二○元

中華民國八十七年（1998）　九　月　初　版
中華民國一○四年（2015）三月BOD初版再刷

序

　　恩赦制度乃中國歷史上之獨特制度。就肆赦的頻率而言，自秦迄清，平均不到三年必有一赦；就時機而言，舉凡踐祚、立后、立儲、祥瑞、災異等，往往有赦；就效力而言，凡已結正、未結正、已發覺、未發覺，罪無輕重，一律寬宥；就內容而言，除赦免罪囚外，尚有賜吏民爵、免租稅、大酺等恩賜。中國古代的恩赦制度，在其他文明世界並不多見，亦絕非今日元首大赦可以比擬。但遺憾的是，嚴謹考察恩赦制度的中文著作至今仍未問世，希望這本論文能稍作塡補。

　　本論文得以順利完成，首先要感謝的是高師明士，高師對我的論文字斟句酌，仔細批閱，更不時提示思考方向，使我的論文得以不斷充實。黃師敏枝對我一直關愛和鼓勵，給我充份自由馳騁的空間。邢師義田對我的研究啓發良多，沈家本和馬伯良的相關論著都是邢師引領閱讀的。何師啓民、蔡師學海、劉師顯叔審查我的論文，多所教正。如果我的研究有些微貢獻，都是幾位老師所賜。摯友吳兄有能多年來相互切磋砥礪，亦友之師，這次論文得以順利出版，實賴吳兄大力促成。當然，也要感謝我的父母、兄弟和拙荊麗冰，沒有他們的支持和照顧，我想連這點成績也無法完成。文史哲出版社慨然答允出版這本不一定叫好，但絕對不會叫座的著作，盛情亦復可感。

　　碩士畢業至今已逾六載，對於六朝史有更深一層的認識，不少觀念亦有所轉變，重看這本論文，難免有若干不盡滿意之處，

但除了對其中明顯的錯誤作出訂正外，大體一仍舊觀。對於碩士論文這類少年舊作的出版，有人會精心修訂，甚至重寫其中章節，但我以爲既然只是求學階段的習作，是研究生涯的一個腳印，實在不必以今天之我僞裝成昨天之我，就讓它保留原來的面貌，既是作爲一點記錄，亦算是對我研究的一個警惕。

　　作者才疏學淺，撰著時間亦復倉卒，因此舛漏勢必難免，敬希方家不吝賜教。是爲序。

陳俊強

一九九七年平安夜於臺北

魏晉南朝恩赦制度的探討
目　錄

第一章　前　言

　　中國史研究中，法制史一直是比較冷門的一環，然而，縱使從事中國法制史研究的學者，也不免有所偏重。就縱的角度而言，對中國近代以前的法制史研究，多熱衷於討論唐律及其相關問題；一九七五年雲夢秦墓竹簡出土後，秦漢律的研究也熱鬧起來了；但是不管如何，魏晉南北朝這三百多年的法制史，卻一直不受重視。這一方面，固然由於研究這段歷史的學者本來就不多有關，另一方面，這時代沒有完整的成文法典遺留下來，對有關的研究的確造成很大的障礙。然而，若對六朝之法制缺乏足夠了解，則無以瞭解漢之所啓及隋唐之所承，更遑論對整個中世時代性質之把握。

　　除了時代性有所偏重外，對於研究的課題方面，也較重視研究古代法典的編纂、律文的考訂、刑罰的變遷等，稍傾向於從「懲罰」的角度出發，探討一般的平民會在甚麼狀況下淪為罪犯。這固然是一種很好的取向，而目前學界也獲得了相當豐碩的成果。不過，吾人是否可以從別的角度出發，來思考中國古代法制上的其他面相呢？

　　筆者以為，古代中國皇帝手上都握有兩把寶劍：一為「嚴刑」，一為「恩德」；皇帝一面以嚴刑峻法來君臨天下，另方面卻又頻密的佈德施恩，子育萬民，大赦就是最突出的例子。中國兩千多年帝制史中，皇帝竟然大赦了一千二百多次，（註一）其頻密的程度不可謂不驚人，若再加上曲赦、別赦、減等、贖罪、慮囚及

德音等各項，其次數可能不減兩千次。而中國古代的赦，其效力
之強、影響之大、牽涉之廣，實遠非今日之大赦只影響到刑罰權
可比擬。皇帝如此頻繁的頒佈赦恩應該怎樣理解？其與正常的刑
律又是處於何種關係？頻降赦恩會對社會政治構成何種影響呢？
這些都是筆者一直思考的問題。此外，中國的赦制也傳到其他東
亞地區如日本、朝鮮等，故對於中國赦制的研究，也有助於瞭解
東亞傳統的法制，進而對東亞世界的歷史面貌，或許會有一些新
的啟示。

　　近代學者中，首先對中國大赦制度作較詳盡研究的，當推清
末的沈家本。氏著《赦考》十二卷，（註二）對赦宥的理論、歷
代赦宥的情形及各朝對大赦的爭論均有敘述，內容豐富，資料詳
盡。只是作者對此制度僅作平面敘述，流於史料臚列之弊。雖是
如此，沈氏之貢獻仍然不容忽視。

　　其後，有徐式圭《中國大赦考》。（註三）是書主要篇幅為
登列各朝皇帝大赦多少次而已，對於大赦的理論、原因或具體狀
況等各方面都沒有深入探討，內容極為貧乏，無甚足觀。

　　一九八一年是比較特殊的一年，因為是年中、日、美不約而
同都有檢討中國赦制之作品問世。其中兩種，即劉令輿〈中國大
赦制度〉（註四）及美國漢學家馬伯良氏《慈悲的質量——恩赦
及傳統中國司法》，（註五）是全面性的檢討中國史上的赦制；
另外一篇，即日本佐竹昭氏〈中國古代的赦——日中比較之試論〉，
（註六）則集中於討論中國赦制的出現及其性質以作為與日本赦
制之比較。

　　劉氏一文將中國大赦發展分作六個時期，以遠古為發軔期，
春秋戰國為原始型態，前後漢為形成期，魏晉南北朝為修正期，
隋唐為完成期，宋以後為繼承期。對大赦的效力，分由時、地、

人三個角度討論；對大赦之作用，則嘗試從政治、經濟、軍事、社會等各方面思考。劉文內容豐富，資料詳備，且劉氏爲一法學家，故在討論過程中，常援進現代法學觀念，提供一些思考大赦的角度，此爲劉文貢獻之所在。然而作者對於史料，尚無充分掌握，對於魏晉南北朝階段的討論，則過於簡略，整體章節的安排，亦欠妥當，以致內容稍嫌散亂。

馬伯良氏爲美國漢學家，其所著《慈悲的質量》一書，欲探討之核心問題有兩個：一爲何以中國皇帝，尤其宋期以前的皇帝，那麼頻繁的頒佈大赦？一爲何以遼金元明清大赦的次數會大幅銳減？作者先分期討論各時代大赦之演變，最後試圖從司法人手及設備這個角度來解答所提問題。馬氏以南宋爲例，指出全國只有八百名縣官，卻要處理五、六千萬人每天的民事及刑事糾紛，顯然人手嚴重短缺；從而提出宋以前多赦是因爲警察系統發達，但司法人手及設備都嚴重不足，以致囚犯及待決之案件積壓過多，造成極大負荷，故不得不常赦以抒減壓力。

馬氏這種說法，不無可議之處，蓋作者並沒有統計縣官的僚佐，即俗稱「胥吏」的人數。這些人沒有官品，不列入正式編制，若把這批人也一併計算，馬氏之說法恐怕要重新考慮。即令馬氏之說在宋朝能成立，可否回推到漢迄唐的時期，還是有待商榷的問題。

佐竹昭氏爲比較日中兩國赦制，遂追本溯源，探索中國赦制的形成期——兩漢時期的概況。作者將赦制就領域而分爲天下及某地區；就效力的質而分爲赦、減刑及贖罪三項；就對象則分作死刑、徒刑等，作者從這幾個角度，以勞動力的掠奪爲線索，全面檢討兩漢四百多年的赦制。佐竹氏從兩漢赦制的演變，指出西漢政府機關及工程，極端依賴刑徒的勞動力，由於掠奪過度，不

斷引起刑徒的反判，統治者覺察到無限度的役使刑徒將是國家的一大危機，故除了裁撤一些依靠大量刑徒勞動力的機關外，另方面也頻頒赦令赦免刑徒，這也可看出東漢朝廷對刑徒勞動力已不如西漢那麼依賴了。發展到六朝隋唐，更明顯可看出這種傾向。又為了消弭恩赦導致刑罰威嚇力降低這一矛盾，漢已對一些重罪給予類似「諸不應宥者」等規定了，到唐律中更明白釐定「常赦不免」之條文，正標示二者之間的平衡已經完成。

佐竹氏從刑徒勞動力的掠奪的角度來探討兩漢的大赦，固然提出一個很好的取向，而六朝時期對於刑徒勞動力的確沒有西漢那麼依賴，但問題在於六朝赦制的特色只有如此嗎？佐竹氏誠然指出了若干現象，但是否真正把握到時代的性質，則有待進一步的考察。

不論佐竹氏、馬伯良氏或劉令輿氏，在討論中國赦制時都有一些共同的弱點。就時代而言，他們對六朝赦制都缺乏深入研究，沒有突顯其在歷史上的地位。佐竹氏只是在論兩漢赦制時，附帶談到六朝；馬氏更將其與隋唐合併起來討論，六朝之份量更是稀少；劉令輿氏雖有專章討論，惜把握不住六朝赦制所顯現的性質。

就所用材料而言，彼等主要依賴正史的本紀部份，誠然，本紀是保存了大量赦制的資料，但是，這些都只是比較平面的史料，只能看到某帝赦了幾次、集中在那些季節、或是赦了那些人，顯示的都是表面的現象而已。其實，在列傳中也保存了不少赦宥的個案，如果能結合這些個案一併檢討，將更能具體的展現其時恩赦制度是如何運作的。

就研究取向而論，以上幾位學者或多或少都把赦制的效力只局限於刑罰權，並沒有把它充份的擴展與皇帝的其他恩德一併檢討。其實皇帝頒赦時，除了施恩給罪犯外，其他階層的人也不會

被忘記：在漢代常常是「賜吏民爵」，晉朝則常常有「增文武位一等」，或免「逋租宿債」，若細閱隋唐赦書，更見赦書前半部爲赦罪，後半部則爲皇室以至平民的賞賜，若也能充份檢討這些恩德，將有助於進一步瞭解恩赦制度以及一個時代的特色。劉令輿已具有這種思考，惜未能深入探討。

這些學者對於傳統中國赦制研究，無可置疑地，已開創了很大的局面，但是仍留下不少課題有待發展，至少全面檢討六朝赦制而又令人滿意的作品還未出現，因此，筆者不揣學識鄙陋，希望能在前輩學者的研究基礎上，對六朝赦制稍作分梳整理，使這片空白能夠有所塡補。

從法制史的發展而言，北朝與南朝顯然屬於不同的系統，北朝由於長期受少數民族統治，故其法律體系已摻進許多北族傳統民俗因子，與南朝一脈單承曹魏兩晉律令傳統有明顯差異。故拙稿擬先考察曹魏、西晉、東晉、南朝這一律令發展系統，北朝部份則有俟來日。時間斷限，約從曹丕黃初元（220）年之稱帝始，終於隋文帝開皇九（589）年平陳。

又本論文所指恩赦制度，並不侷限於大赦，而是擴充到曲赦、別赦、減等、贖罪等帶有赦宥意義的寬恕措施，以求能更清楚的掌握赦制所具之性質。「曲赦」一詞首見於西晉，是指朝廷對於局部地區的赦宥，晉以前雖無曲赦之名，但早有曲赦之事。「別赦」則指對於特定人或團體的赦宥，本論文將只檢討對特定集團的別赦，至於對個人的寬宥，將不作討論。

在撰寫理路上，擬從量與質兩方面來思考，在量方面，將先對魏晉南朝的赦制分期作一動態的說明，探討每一時期各類赦恩的數量及其頒佈的背景；同時，也對肆赦頻率的波動及季節性的分佈作一分析，使赦制能與時代變動密切的關聯起來。在質方面，

擬從恩赦的效力、重罪的觀念、恩赦與恩賜的關係、恩赦的作用等各個角度來思考。最後再從較高的層次探索此時期的赦制具有何種意義，在整個中國法制史上如何定位，並從赦制之檢討透視六朝之時代性質。至於各章所討論之內容，分別簡介如下：

第一章、前言

第二章、赦制的源與流。本章主要討論先秦兩漢的赦宥概況，是對魏晉南朝赦制作一溯源工作。本章將就理論及具體制度的源流兩方面出發，一方面檢討先秦典籍中有關赦宥的理論，為兩漢以降的赦制尋找理論根源；另方面，則對先秦兩漢的赦宥概況，作一簡要的論述，以理解魏晉赦制的背景。

第三章、魏晉南朝赦宥的概況。此章主要依時間順序，將這幾百年歷史分為三個時期（220～280年）、兩晉時期（280～420年）及南朝時期（420～589年）等三期，各從赦宥頻率、時機、季節分佈等方面探討恩赦制度的發展，並力圖將其與時代轉變關聯一起。

第四章、恩赦的效力及作用。本章擬檢討赦的效力，將把罪犯分為已結正、未結正、未擒獲、未發覺等四類來探討，分析以上各種狀況在遇赦時，將會有何改變。然而，赦制也有其限制，對於一些被認為特別嚴重的罪行，就是大赦也不會予以寬宥的，這就是所謂的「遇赦不赦」，透過「重罪」觀念的分析，將有助於了解一個社會的價值標準以及時代精神，故將對「重罪」的觀念作一探討。此外，皇帝頒赦時，除了會賜恩給罪犯外，也會給予官民一定的賞賜，所以，討論恩赦制度，不宜只侷限於對刑罰權的效力而已，對皇帝恩賜的檢討，將更能了解赦制的效力，以及中國赦制獨有的性質。最後，將從政治、法制、社會經濟、思想等各個層面，檢討恩赦的作用，從而探討中國皇帝經常肆赦的

歷史意義。

　　第五章、總結。

【附　註】

註　一　劉令輿〈中國大赦制度〉（收入《中國法制史論文集》，台北，
　　　　中國法制史學會，民國70），頁129。

註　二　收入沈著《歷代刑法考》（北京，中華書局，1985），第二冊。

註　三　徐式圭《中國大赦考》（上海，商務印書館，1931）。

註　四　參看註一。

註　五　馬伯良《慈悲的質量－恩赦及傳統中國司法》（Brain.E.
　　　　Mcknight. *The Quality Of Mercy-Amnesties And Tradi-*
　　　　tional Chinese Justice. Honolulu: University Of Hawaii,
　　　　1981）

註　六　佐竹昭〈中國古代における赦について——日中比較のための
　　　　一試論〉（《地域文化研究》）（廣島大學總合科學部紀要Ⅰ）
　　　　第7卷，1981）。

第二章　赦制的源與流

第一節　先秦的赦宥概況

一、問題所在

拙稿雖爲檢討魏晉南朝赦制，然赦制非六朝獨創，首開多赦之風者爲兩漢。兩漢實爲赦制的形成期，爲使脈絡清晰，宜對兩漢赦制先作一扼要論述，以理解漢晉赦制的背景。

兩漢之多赦，雖爲劃時代之創舉，然赦宥之理念及事例已屢見於先秦典籍中，其時主張或反對人君赦宥的理論，均產生不小的影響。後世不管贊成或反對國家肆赦者，都經常援引先秦典籍中的相關理念，作爲自身立論的依據，最明顯的，就是皇帝赦書中，必定援引先秦經典來合理化其大赦措施。故此，探討充斥於先秦典籍中的赦宥理論，有助於澄清後世肆赦的理論根源。此外，先秦有多起的赦例，其性質已非常接近後世的大赦。後世一些肆赦措施，都可在先秦赦事中找到其原始型態。因此，檢討先秦赦例，對於比較後世大赦，從而探討大赦性質的轉移，有一定之裨益。

二、「赦」「宥」的條件

後世大赦之法，不論情之深淺，罪之輕重，凡所犯在赦前，則殺人不死，傷人不刑。然先秦所見肆赦的理論，是否亦爲無條件的赦免呢？首見赦宥議論者，可能是《易經·解卦》，云：

象曰：雷雨作，解，君子以赦過宥罪。

孔穎達疏曰：

赦謂放免，過謂誤失，宥謂寬宥，罪謂故犯。過輕則赦，
罪重則宥，皆解緩之義也。

程頤對此卦象的闡釋更爲明白，其傳曰：

天地解，散而成雷雨，故雷雨作而爲解也。赦，釋之。宥，
寬之。過失則赦之可也，罪惡而赦之則非義也，故寬之而
已。君子觀雷雨作解之象，體其發育則施恩仁，體其解散
則行寬釋也。（註一）

意指天地解散則成雷雨，雷雨作則萬物得以發育，人君應體察萬
物發育而施恩佈德。如何施恩呢？人君應倣法天地解散而成雷雨
之現象，故應解散罪囚。然罪有過故之分，不宜一視同仁，因此，
對過失犯應予以開釋，對故犯者則只能寬減而已。

《易經》這段文字，姑且不論是否上古首段赦宥記載，但就
這段文字卻有三點值得注意。首先，「赦」與「宥」雖均有「解
緩」之意，但有其程度上的分別，赦指放免；而宥則指寬貸，只
是減輕其刑罰，類似後世的減罪。其次，赦宥的寬貸程度既有別，
其所針對之犯罪行爲也有別。並非所有罪犯均可被「赦」，只有
過失犯才是被赦的對象，「過失」就是指沒有犯罪意圖卻誤觸法
網的行爲。至於「罪」則是指「故犯」，即是有犯罪意圖的犯罪
行爲。由於是有意圖的犯法，故此，不能輕易赦免，只能給予一
定之減刑。第三，雷雨作是體認天地發育，故此君子赦過宥罪，
這是對一定的天象而作的對應措施，可謂後世對災異天象而赦的
濫觴。

關於赦宥的對象，《周禮》所論，遠較《易經》具體深入，
據《周禮·秋官·司刺》曰：

掌三刺、三宥、三赦之法，以贊司寇聽獄訟。壹刺曰訊群
臣，再刺曰訊群吏，三刺曰訊萬民。壹宥曰不識，再宥曰
過失，三宥曰遺忘。壹赦曰幼弱，再赦曰老耄，三赦曰蠢
愚。

對於「三宥」、「三赦」之解釋，鄭眾與鄭玄所論有差異。綜合
而言，「三宥」之「不識」應指一般愚民不識法而誤犯；「過失」
與「遺忘」的分別較為模糊，簡單而言，「過失」為有所注意但
并沒有非常注意，而發生犯罪的結果；「遺忘」則是指對應予注
意的也沒有給予注意的疏忽，即忘記了應有的注意。二者的差別
在於程度上：一為有注意但不充分，一是應注意而沒有注意。（
註二）「不識」、「過失」、「遺忘」之所以可得一定程度的寬
貸，誠如賈公彥所云：「非是故心，過誤所作也」（註三），也
就是沒有犯罪之意圖。

至於「三赦」的解釋，爭議比較不大，都是就行為人的責任
能力方面來考慮：年紀太小、年紀太老或者生而精神不健全者，
都不需負任何刑事責任，故不應施予任何的處罰。

《周禮》這段記載，明確指出赦宥對象的條件，或是沒有行
為責任能力的人，或是沒有犯罪意圖的過失犯，才是被赦宥的對
象。類似過失犯可獲寬免的記載，還見於《尚書》。按《尚書·
舜典》云：「眚災肆赦」，孔傳曰：

眚，過；災，害；肆，緩……過而有害，當緩赦之。

孔穎達疏曰：

若過誤為害，原情非故者，則緩縱而赦放之。

簡而言之，雖因過失而致禍害，但非本心固欲為之，故非獨不可
以入常刑，即流宥、金贖亦不可也，宜赦免之。（註四）赦免之
對象，仍是針對過失犯而已。

　　歸納以上幾段史料，可以看出赦宥主要的對象是過失犯，然而，過失也有大小，是否不問過之大小，都一律寬恕呢？在《尚書・大禹謨》中，有「宥過無大」之說法，其意就如注文所言「過誤所犯雖大，必宥不忌。」只要是因過誤而觸法網，不論所犯有多重，皆得寬宥。

　　然而先秦經典中也有另外一種論調，《禮記》及《管子》都主張人君只應「赦大過」；而《論語》則主張人君只應「赦小過」而已。按《禮記・王制》云「赦從重……疑獄，氾與眾共之，眾疑赦之……凡作刑罰，輕無赦」。據注疏所釋，由於常人易犯輕罪，設若輒赦輕罪，則犯者必眾，因此，若非疑獄，雖輕罪也不赦。赦只針對犯大過者。類似的觀點，《管子》討論得更為明確。其論將見於下文。

　　《論語》則代表另外一種觀點。按〈子路〉云：

　　　　仲弓為季氏宰，問政。子曰：「先有司，赦小過，舉賢才。」據朱熹的解釋，以為大過可能會導致很大的禍害，故不得不懲治；而小過則不構成大害，縱使赦免，於法也無傷大雅，更可藉此施惠以悅民心。（註五）

　　總而言之，先秦主張赦宥的議論中，多是針對所謂「過失犯」，也就是沒有犯罪意圖的罪犯。

三、赦宥的時機

　　前節所論，為赦宥之對象，然而，除了對象要考慮以外，到底統治者要在何種客觀情況下，行赦宥之措施呢？細檢史文，可歸納出以下的狀況：

　　首先，正如前引《易經・解卦》所云，雷雨作時，人君應體察天地化育而施恩仁，故宜行赦宥之事。另外，在《周禮》中亦

有記載當逢凶年時，大司徒應「緩縱」犯刑者。（註六）雖無明言赦宥，其指赦宥罪犯無疑。又據《地官·司市》記載「國君過市，則刑人赦」。鄭玄以爲「市」乃交利及行刑之處，國君無故不遊觀，若遊觀宜施惠，故國君乃行赦。（註七）其所赦，據沈家本、劉令輿等學者的意見，以爲是赦輕微的違警罰而已。（註八）

　　以上所論，如雷雨、凶年、過市等都是些比較特殊的狀況，與一般獄訟無甚關係。以下所論則主要爲針對獄訟之赦。據《尚書·呂刑》云：

　　　　五刑之疑有赦，五罰之疑有赦，其審克之。

若結合〈呂刑〉下文「墨辟疑赦」等處的「赦」字來看，「赦」在〈呂刑〉中，不宜拘泥地解作赦免，應作從寬從輕解。這與《尚書·大禹謨》所云「罪疑惟輕，功疑惟重」之論點，頗相一致，同樣認爲訊獄有疑，便應從寬處理。前引《禮記·王制》亦有「疑獄，訊與衆共之，衆疑，赦之」之說法，與《尚書·呂刑》所載甚爲類似。

　　前引〈呂刑〉緊接著又談到「墨辟疑赦，其罰百鍰，閱實其罪。」意謂犯罪者，其情節有可疑之處，便從輕處理，罰取六百兩黃銅，但仍需查明其犯罪事實。此外，還有提到犯了劓、荆、宮、大辟等刑，若遇疑時之收贖辦法。〈呂刑〉「五罰」的記載，應可視作後世贖罪的濫觴。（註九）

　　贖刑的記載，還見於春秋時代的齊國，當時齊國寡甲兵，管仲以爲應赦輕過而移諸甲兵。其辦法爲「制重罪贖以犀甲一戟，輕罪贖以革盾一戟，小罪讁以金分，宥閒罪，索訟者三禁而不可上下，坐成以束矢。」（註一〇）類似令罪人入甲兵以贖罪的記載，尚見於《管子》〈中匡〉及〈小匡〉等篇。

四、反赦的言論

先秦除了有主張人君應肆赦以施恩佈德的意見外，另外還有一些激烈反對人君赦宥的議論，《管子》可說是其中之一。〈法法篇〉中便充滿了反赦的言論，管子基本上是反對國家肆赦的，縱是要赦，也只能赦大過，不能赦小過，這與孔子赦小過的論點相反。然而，致治之道，畢竟在於用法，而不在施惠。赦罪以施惠於民，只會使萬民不敬法，進而輕於犯法，赦只有小利卻有大害，久而不勝其禍。

稍後的商鞅及韓非更是激烈的反對人君肆赦。先秦法家有所謂「罪刑法定主義」的原則，即「依法定罪」與「據法刑人」。韓非在〈大體〉篇論述適用法律的問題時強調：「不推繩之內」、「不緩法之內」。（註一一）只要是為法律所禁止的行為，既不能不追究，又不能從輕發落。在處罰上一定是要「罰隨罪」。（註一二）即凡被認定犯罪的行為，必然的結果就是相應的刑罰。韓非的「循名責實」本質上也是這種原則。（註一三）因此，在這種思想脈絡之下，又怎麼會倡議人君赦宥呢？毋怪乎在《商君書》中的聖人是「不宥過，不赦刑」的，（註一四）而韓非更不只一次提到明君需要「不赦死，不宥刑」、「無偷賞，無赦罰。」（註一五）且更悟出政治的道理在於「無赦」，「無赦，猶入澗之必死也，則人莫之敢犯也。」（註一六）人民知道違法則必死無赦，又怎麼還敢犯法，國家如何會不治呢？在法家眼中求治與肆赦根本就是背道而馳的。

五、赦宥個案的檢討

春秋戰國五百多年中，赦例可考者相當的少，約只有十多件。

這一方面，固然由於其時赦並不如後世普遍；另方面，史料湮沒也是很重要的原因。現存見於史籍中最早的一次大赦，可能為魯莊公二十二年魯國的「肆大眚」。（註一七）

「肆」指解綏寬宥之意，應沒問題，但「大眚」則頗有爭議。孔穎達以為「大眚」即「大過」。（註一八）然而，沈家本則以為「眚」固然是過之意，但「大眚」應指盡赦一國之過失犯。（註一九）不管二人孰是孰非，魯國的「肆大眚」可謂後世大赦天下之原。（註二〇）魯國大赦之因不明，賈逵正義以為文姜有罪，故魯大赦國中罪過，欲令文姜之過因是得除，蓋臆說耳。

赦宥之事，非只見於魯，晉亦有之。按《左傳·成十八年》：

> 二月乙酉朔，晉侯悼公即位於朝。始命百官，施舍，已責，逮鰥寡，振廢滯，匡乏困，救災患，禁淫慝，薄賦斂，宥罪戾，節器用，時用民。

晉厲公為臣下所弒，悼公時年十四，為晉臣迎立於周，也許由於客觀情勢惡劣，故甫即位便下寬大之詔以收人心。不管其「宥罪戾」之因為何，這種即位肆赦之措施，可謂後世即位大赦之濫觴。（註二一）

晉人另一次赦宥見於《左傳·襄九年》，其時晉率諸候聯軍伐鄭，傳稱「肆眚圍鄭」，疏云：「將求民力，開恩赦罪，赦諸侯之軍內犯法者。」這次赦罪人的用意就在於收其民力以圍鄭，其意甚明，劉令輿卻以為鄭赦其國內罪人，以使從軍，謬矣。（註二二）

類似晉人赦罪囚以增加戰鬥力的作法，亦見於同時的楚國。《左傳》成公二年、昭公十三年及十四年，楚國均有「赦罪」、「宥罪」及「赦罪戾」的記載，巧合的是，與此同時楚國均有軍事行動，或救齊、或伐陳蔡。國家赦罪人以從軍之例子，在兩漢

可說相當普遍。

　　春秋末年，楚國有一樁記載得頗為詳細的赦例，相當值得注意。根據《史記‧越王勾踐世家》云：

> 　　（陶）朱公中男殺人，囚於楚。……朱公不得已而遣長子，為一封書遺故所善莊生。曰：「至則進千金於莊生……」莊生閒時入見楚王，言「某星宿某，此則害於楚」。楚王素信莊生，曰：「今為奈何？」莊生曰：「獨以德為可以除之。」……王乃使使者封三錢之府。楚貴人驚告朱公長男，曰：「王且赦。」曰：「何以也？」曰：「每王且赦，常封三錢之府，昨暮王使使封之。」朱公長男以為赦，弟固當出也。重千金虛棄莊生，無所為也。……莊生知其意欲復得其金，……羞為兒子所賣，乃入見楚王曰……楚王大怒……令論殺朱公子，明日遂下赦令。

這宗赦例敘述得頗為詳細，有幾點值得注意：

　　首先，某星宿某，會對楚國不利，然而，這種危害是可以消解的，其辦法就是施恩佈德。大赦可能被認為是比較有效，或者是楚王比較常用的手段，不然，莊生也不會只提到要施德，楚王就立刻決定大赦了。這種天人交感，以赦修德之措施，與後世因祥瑞或災異而赦，可能有一定之關聯。

　　其次，楚國以前常有大赦，且赦前一定封「三錢之府」，據裴駰集解所釋，其用意是朝廷顧慮到若人民逆知有赦，可能會盜竊國家錢府，故先行封之以備。（註二三）封三錢之府已是楚國大赦之慣行措施，百姓反而因此預知國家將行大赦。若裴駰所釋正確，則楚國其實已覺察到人民逆知有赦的危害，因而試圖予以防範了。

　　第三，陶朱公之子所犯為殺人罪，理當處死，然而，楚王的

大赦可予以赦免，顯示大赦具有很強的效力。類似後世的「赦殊死以下」。（註二四）

　　除了魯、鄭、楚以外，戰國時的趙國及秦國也有大赦的記載。按《史記·趙世家》云：

　　　　（惠文王）三年，滅中山，遷其王於膚施，起靈壽，北地方從，代道大通。還歸行賞，大赦，置酒，酺五日。

趙武靈王滅中山歸，奏捷，並且大赦，亦開後世祝捷大赦的先河。

　　秦被視爲屬行法家政策的國家，而法家予人最大的印象就是「刻薄寡恩」，但有趣的是，秦在戰國時也常有赦罪人的記錄，昭襄王就有四赦罪人之記載，（註二五）根據《史記·秦本紀》：

　　　　（昭襄王）二十一年，（司馬）錯攻魏河內，魏獻安邑，秦出其人，募徙河東賜爵，赦罪人遷之。

　　　　二十六年，赦罪人遷之穰。

　　　　二十七年。（司馬）錯攻楚，赦罪人遷之南陽。

　　　　二十八年。大良造白起攻楚，取鄢鄧，赦罪人遷之。

從以上事例明顯看到罪人被赦後，都被強制性的遷徙到邊境或新占領區，其用意當是利用這批勞動力來捍衛或開發該些地區，赦罪人然後再遷到邊郡的案例，在兩漢可謂屢見不鮮，一般認爲，昭襄王這幾次的赦例，就是漢代「徙遷刑」的前身。表面上雖云「赦罪人」，然而實際上他們會被強制遷到一定之地區，故此，學者普遍認爲這些罪人其實只是換了另一種刑罰，所謂「徙遷刑」，其性質應爲一種「代替刑」。（註二六）這種性質，頗有《尚書》「流宥五刑」的遺跡。（註二七）

　　昭襄王以後的孝文王及莊襄王，均有即位時赦罪人的記載。秦人大赦，將在秦漢部份時再作進一步的檢討。

六、結　論

　　就先秦典籍所見，「赦」「宥」之間有時是有差別的，在前引《易經‧解卦》之「赦過宥罪」或《周禮》中的「三宥三赦」，均有清楚看到「赦」「宥」之間有程度上的差別。「赦」指完全的釋放寬免，而「宥」則指減輕刑罰之意，類似後世的「減罪」。不過，二者的分別在後世漸變得模糊，都泛指寬免的意思了。

　　在經典中所提倡的赦宥，大抵均有條件的赦宥。不論《尚書》的「眚災肆赦」，《周禮》的「三宥三赦」，甚至《禮記》的「赦從重」或《論語》的「赦小過」，其所針對者，或係行為主體不需負行為責任，或係所犯實非本意的過失犯。赦宥的對象是有一定限制的。這與後世不殊輕重，不問過故，一律寬免的大赦，具有很大的差異。不過，退一步而論，赦宥之對象雖有限制，但人君應施恩佈德，適時而赦的理念，則為後世所沿襲。故此，後世皇帝大赦時，還是經常引述經典上的赦宥理論，以作其措施的依據。

　　另方面，就反赦的言論來看，後世力主少赦者，多援引管子的理論來作根據，商鞅及韓非的意見，似乎很少被提到。姑不論這些人的意見是否受商韓影響，但至少在其言論中絕少引述到商韓的意見，則是不爭的事實。這也許是經過秦行法家以致速亡的教訓，後世論政者都諱言法家之故吧！

　　後世大赦雖不再問過故，但先秦經典中強調過故之別，對後世刑獄具有很大的影響。縱使所犯極度嚴重，只要是「非故心」，便應予以減罪，甚或予以赦免。這種探討有否犯罪意圖以定刑獄的原則，稱為「原心定罪」，（註二八）在本文第二節中清楚可見這種理念。這項原則延續到兩漢，成為所謂「春秋決獄」的一

項重要條件。

在前文檢討的赦例中，可以看出後世赦宥措施的一些原始型態，例如，就頒赦的契機而言，後世在即位、天象有異、祝捷等狀況下均會考慮大赦，其實在先秦已可見其端倪。又秦赦罪人以實邊的政策爲兩漢襲用，成爲兩漢赦制中的一大特色，關於這方面，將在下一節中討論。

附帶一提的是，前引〈呂刑〉「五刑之疑有赦，五罰之疑有赦」等「罪疑惟赦」的原則，可謂後世有利被告原則的發展雛型。訊獄有疑，便從輕處理，改科以罰金，是在刑事訴訟進入證據定罪階段後，有罪證據和無罪證據相當而又不能互相否定，無法斷定有罪還是無罪時，乃確定收贖釋放。這是後世有利被告原則的發展雛型，可說是古代獄訟的一大發展。（註二九）

第二節　秦朝赦宥的概況

一、問題所在

正如前述，在秦統一以前已有多起的赦例了，那麼，在統一天下後的秦帝國又如何呢？任刑用法的始皇帝在赦制的發展中又處於何種地位？中國史上第一次「大赦天下」是在秦二世時所頒佈的，這項創舉究竟有何意義呢？在現存史籍中所見，秦的各項大型國家建設，如築長城、營阿房、修陵墓等，均役使大批刑徒，其數量常維持在數十萬之譜，刑徒與大赦之間的關係又是如何呢？此外，睡虎地秦墓竹簡出土後，世人對秦律的瞭解，已不再是一片空白了，那麼，秦簡中是否也有透露一些秦朝赦宥的訊息？又其中反映出甚麼意義呢？這些將是本節要予以交待的。

二、秦朝赦宥的概況

　　在戰國末年的秦，已屢見赦宥之事了，可是，在始皇帝統治的三十多年中，卻大爲逆轉，竟然未嘗一赦！雖然，始皇帝也曾特赦高漸離及趙高等，但都不是他父祖所頒佈的大赦，縱使在討平六合，混一宇內後，也不曾大赦，這在後世的皇帝而言，似乎有點不可思議。秦始皇在位數十年不赦，中國史上可謂絕無僅有，這也許與始皇帝實行法家政治有關。前文曾提過法家從不認爲治國之道是要施恩佈德于萬民，赦罪與致治根本是背道而馳的，可能因此而造成始皇帝「剛毅戾深，事皆決於法，刻削無恩仁和義，然後合五德之數。於是急法，久者不赦。」（《史記·始皇本紀》）始皇帝不赦的做法，似乎說明人君常赦的傳統仍未確立下來。

　　二世皇帝於元（209）年十月，「大赦天下」（《史記·六國年表》）。這不僅是秦統一天下後的首度大赦，也是中國史上第一件的「大赦天下」，其意義並不尋常。這一方面固然是因爲「第一次」，但更重要的是「大赦天下」顯示出新時代的來臨。

　　肆大眚、赦罪人等赦宥措施，在秦統一以前已有其例，但不管其赦宥之程度爲何，其赦宥之範圍始終不離一國之境。在皇帝稱號出現以前，沒有任何一個統治者可以赦「天下」，各國的封建君主最多也不過赦其國，甚至連周天子也缺乏赦「天下」之條件，名義上雖是「普天之下，莫非王土」，但周天子的勢力大體上不離王畿一帶，距王畿較遠的地區，周天子的統治已鞭長莫及了。縱使天下每一諸侯都臣服於周天子，但周天子的統治卻無法滲透到每一封國而達到每一人民。因此，可以說周天子根本不具備「大赦天下」的條件。「大赦天下」這種盛舉，是伴隨皇帝制度而來的新產物。

　　由於史料不足，關於第一次大赦天下的詳情，現在所知不多。但對不逾年而再次頒佈的大赦天下，則有較詳細的瞭解。《史記・始皇本紀》云：

　　（二世）二年冬，陳涉所遣周章等，將西至戲，兵數十萬，二世大驚，與群臣謀曰：「奈何？」少府章邯曰：「盜已至，眾彊，今發近縣不及矣，驪山徒多，請赦之，授兵以擊之。」二世乃大赦天下，使章邯將，擊破周章軍而走。

可見此次大赦的背景，就是六國舊地的反秦起義蠭起，秦朝鑑於兵源不足，便聽從少府章邯之建議，大赦驪山刑徒使之從軍。這種赦罪囚以從軍的例子，在春秋曾數見。不過，這次倒很清楚的是針對驪山的「刑徒」而赦。

　　就秦簡所見，刑徒被役使的範圍相當廣泛，舉凡國防建設、軍事服務、宮殿陵墓營造、交通運輸，甚至地方官署雜役均有刑徒參與。在國家的建設工程中，刑徒的勞動力恐怕佔有很大的比重。當時徒刑有一非常重要的特色，就是沒有刑期。（註三〇）不過，沒有刑期並不等於終身刑，蓋因朝廷常常頒佈赦令之故。如前所述，昭襄王、孝文王、莊襄王共有六次赦令，這種不定期的赦免，實際上就是不定期的釋放刑徒。刑徒刑期從無刑期到不定期，再發展到漢文帝時的有刑期，可說是徒刑的一大發展。大赦在這個發展過程中，扮演了一定的角色。（註三一）

　　秦朝既然在統一天下前已有大赦，那麼，在新出土的秦簡中，是否有透露相關的訊息呢？按《法律答問》云：

　　或以赦前盜千錢，赦後盡用之而得，論何也？毋論。（註三二）

縱使犯了盜千錢那麼嚴重的刑事罪，只要遭逢大赦，其所犯便被赦免，即使以後被補獲，也不會被起訴。林劍鳴以為這種不追溯

既往的做法，正是「罪刑法定主義」的重要條件，從而認爲秦律
具有「罪刑法定主義」的精神。（註三三）這條律文中，沒有提
到對受害人的賠償或臟物的追討等事宜，故有謂秦律僅僅將偷竊
罪，看成是危害社會秩序的公罪而已，只對行爲人加以刑罰，而
置受害人的利益於不顧，沒有發揮法律在保護社會成員的個人利
益方面的作用。（註三四）其實，這種不對臟款作任何追討的作
法，在漢代還是如此。（註三五）

《法律答問》又云：

> 有稟菽、麥，當出未出，即出禾以當菽、麥，菽、麥價賤
> 禾貴，其論何也？當貲一甲。會赦未論，又亡，赦期已盡
> 六月而得，當耐。（註三六）

明顯可見朝廷頒佈大赦時，訂有一段自首期限，赦期盡後而被捕
獲，便要處罪了。此外，《法律答問》中尙有記載犯了斬左趾爲
城旦的群盜，可以被赦爲庶人。（註三七）而在《封診式》中，
亦規定在審訊時，應注意被審訊者是否曾被赦免等。（註三八）
這些都是秦律殘篇中，有關大赦的一鱗半爪。

在「前言」曾提到拙稿除會檢討大赦外，也將探討「贖刑」。
秦律中到處可見贖刑的記載，然而，秦律中的「贖刑」與拙稿所
要處理的「贖刑」，實際上並不相同。後者是指觸犯法規被科以
一定的懲罰，其後由皇帝特別下詔允許罪犯納貲贖罪。這種「贖
刑」原先是不允許以財物贖替的，必須等待皇帝下詔方能納貲贖
罪；但前者在法律上則明文規定是可以財物贖替的。易言之，後
者爲皇帝的一種恩典，而前者本身即是常刑，類似現代法律上的
「易科罰金」。由於秦律中的贖刑，非拙稿所論的範圍，這裡就
不再討論了。（註三九）

附帶一提的是，秦律中的「貲刑」（類似後世的罰金）及「

贖刑」，雖均為財產刑，然而，若罪犯無力繳納財物時，得以勞役替代。而在贖刑中有贖死、贖宮、贖黥、贖遷、贖髡足之記載，唯獨沒有贖徒刑之案例，似乎徒刑是不得贖替的。罰貲或贖罪所繳納的財物並不少，應該不是一般人民所能負擔的，故多以勞役代替。貲刑及贖刑雖為財產刑，然而，政府卻可透過二者，大量收奪人民的勞動力。這批勞動力再加上刑徒，應當就是秦的國家工程的主要勞動力了。為確保勞動力不匱乏，似乎就沒有設置「贖徒刑」的必要了。

三、結論

從以上論述，可知漢文帝以前，徒刑是無刑期的。嬴秦上至宮殿陵墓的修建，下至地方官署的雜役，其勞動力主要是自來刑徒，刑徒的負擔，極為繁重。幸而秦國的君主偶而會頒佈大赦，以稍紓刑徒的困境，緩和政府與刑徒間的緊張。可是，在始皇帝統治下，出現逆轉，秦竟然數十年不赦！非只如此，在始皇帝統一天下後，為了個人的慾望，也為了建設甫歸統一的帝國，不斷役使刑徒建設各類國家工程，如築長城、闢馳道、營宮殿、修陵墓等，在在役使數十萬的刑徒。無限期、無限制的役使刑徒，一方面使得大批民夫壯年夭折，另一方面，也得使年輕的秦帝國迅速走向瓦解。據史籍所載，劉邦就是率領刑徒赴驪山，因為「徒多道亡」，結果，劉邦也跟著一起造反了。（註四○）黥布本人更是驪山刑徒，亡而為盜。（註四一）急法不赦的秦朝，僅享國短短十五年，便在天下洶洶下滅亡。也許秦朝「急法不赦」，導致短祚，正給予劉邦及其後人一大警惕。因此，漢朝便反其道而行，實施常赦治國吧。

第三節　兩漢赦宥的概況

一、問題所在

史稱漢承秦法，漢朝的確因襲不少秦朝的典章制度。然而就赦制的發展而言，相對於秦朝的急法不赦，漢朝則呈現了一種迥異的精神。漢朝四百多年的國祚中，單是大赦一項，便頒佈了一百四十多次，若再加上曲赦、減等、贖罪等各種名目的赦宥，其次數實不減兩百八十多次，平均不到兩年時間，朝廷便下一道寬貸的詔令，其頻密的程度，殊堪重視。漢人之「多赦」與秦人的「不赦」，恰恰構成強烈對比。此外，漢代可謂恩赦制度的形成期，（註四二）漢代多赦的政治，爲歷代所沿襲，影響後世約二千年之久，故漢代赦宥概況，在恩赦制度發展史上，有其獨特地位。

本節將以時代爲經，各類赦事爲緯，論述兩漢赦制動態的發展，並試圖透過這番描述，探討赦制在形成時期所呈現的面貌。兩漢四百多年中，赦宥頒佈的頻率是否有起伏變化？其變化除了數量上以外，是否還有性質上的差異？在一年四季中，赦宥之分佈又呈現甚麼特色？此外，皇帝的恩赦是否對所有罪犯都具有同樣的效力？這些均是本節所要檢討的。

二、兩漢赦宥的概況

根據徐堅《初學記》〈政理部〉「赦門」引衛宏《漢舊儀》云：

> 踐祚、改元、立皇后、太子，赦天下。

其實漢代赦天下之時機，遠不止此，據史籍所載，舉凡皇帝在踐祚、元服、立后、立儲、改元、郊祀、封禪、祀明堂、臨雍、立廟、巡狩、徒宮、定都、克捷、年豐、祥瑞、災異、勸農、飲酺、遇亂等各種情況下，都曾頒過大赦。（註四三）其中以踐祚、改元、災異等情況下比較常頒佈，但也不是絕對如此。即令是踐祚，在後世幾乎必定大赦，但漢惠帝、景帝、武帝、和帝、沖帝在踐祚時，都沒頒佈大赦。同一個皇帝在面對同樣的災異時，有時會赦，有時又不赦。蓋漢朝正值赦制的形成期，許多習慣性的措施尚未確立下來，所以有林林總總的赦宥時機，卻沒有一項是必赦的。

漢高祖在位十二年，凡恩赦十一，幾乎每年都賜赦恩，頻率很高。正如沈家本所云：「蓋高帝當大亂之後，不能不赦，以與天下更始。」（註四四）在高祖十一次恩赦中，值得注意的是在二（前205）年正月及六月的赦書中，劉邦只「赦罪人」，而不是「赦『天下』罪人」，直至五（前202）年正月才有第一次的「赦『天下』殊死以下」，這是甚麼緣故呢？筆者認為劉邦此時才「悉定楚地」，徹底的把項羽打敗，可謂擁有「天下」，這時，才能頒佈「赦天下」。二月，在群臣「勸進」下登上皇位。在這裡我們似乎可以看出「皇帝」與「赦天下」之間的關聯性。

高祖幾乎每年一赦，頻率很高，但惠帝、呂后時期，頻率下降。惠帝七年凡四赦，呂后八年凡三赦，差不多兩年才一赦。至文帝時，頻率更低，在位廿三年凡七赦，平均3.3年才一赦，在兩漢皇帝中應是最少赦的，文帝慎赦的作風，常為後世稱道。景帝十六年九赦，平均1.8年一赦，頻率已明顯回昇。

高帝至景帝這六十多年的赦事中，值得注意的是與諸候王的勢力關係。劉邦平天下時，為酬庸功臣，大封王侯，後以異性諸

侯王占地廣，兵力強，成爲朝廷的心腹大患。不旋踵而爲高祖、呂后陸續剷除。在討伐過程中，朝廷常常會曲赦該地區的吏民，這種措施，無疑是對該敵對集團的一種心理戰，試圖以赦來動搖敵對集團中一些游離分子，從而瓦解或削弱該集團的實力。及至削平該地區後，爲了縮小打擊面以安定人心，亦會曲赦該地區「從反」吏民。例如高帝十（前197）年九月平代相陳豨，十二（前195）年擊燕王盧綰，均曾曲赦代及燕。

異姓諸侯王問題，在高祖時期大體已解決，但眾所周知，劉邦在削平異姓諸王後，爲了屏藩王室，又大封同姓爲王。這些同姓諸侯王，不久也產生類似異姓諸侯王的問題，對長安政權同樣構成嚴重的威脅。這些問題，在文景時代漸漸爆發。文帝三（前177）年，討伐濟北王之亂的前後，都曾曲赦濟北一地。景帝四年，吳楚七國之亂時，景帝亦大赦天下；平定七國後，景帝乃赦免從反的吏民。

武帝是漢朝在位最久的皇帝，共享祚五十五年，赦宥次數亦多，共赦了廿三次。武帝時期常常曲赦，但當時之諸侯王問題，大體已爲景帝解決，所以曲赦非因諸王之故，而是武帝經常巡幸、祠后土、封禪等，在車駕所經之處，需要當地供奉起居飲食等，爲減輕當地之沈重負擔，乃多施恩德，以作補償。其措施，或曲赦當地罪犯，或免租稅，或賜牛酒等。元封二（前109）年冬行幸雍，「赦所過徒」。元封四（前107）年春三月，祠后土，「赦汾陰、夏陽、中都死罪以下，賜三縣及楊氏皆無出今年租賦。」元封六（前105）年及太初二（前103）年均有類似之赦事。（以上參看《漢書・武帝紀》）

武帝在位時，對匈奴發動長期戰爭，導致國內兵力財力嚴重傷亡，所以利用恩赦來救濟這方面的匱乏。例如元封六（前105）

年,赦京師亡命令從軍;天漢四(前97)年秋九月「令死罪入贖錢五十萬減死一等。」同樣的例子也見於太始二(前95)年,《漢書‧食貨志》云:

> 於是大司農陳臧錢經用,賦稅既竭,不足以奉戰士。有司請令民得買爵及贖禁錮免減罪。

可見武帝頒贖罪之令,是爲了彌補對外征戰的損失,具有財政上的意義;而先前的赦京師亡命令從軍,似乎有補充兵源之作用。(註四五)

武帝以降,赦宥習慣似已確立下來,以後各帝平均不到兩年就有一赦。例如昭帝在位十三年有八赦,平均1.6年一赦。宣帝世稱「信賞必罰,綜核名實。」(註四六)但宣帝肆赦亦多,在位廿五年十四赦,平均1.8年一赦。而宣帝十次大赦中,有六次是因鳳凰甘露降京師等祥瑞而赦的。(以上參看《漢書‧宣帝紀》)

在前文討論秦朝赦事時,曾提及赦與刑徒之間的關係。爰及漢代,刑徒仍爲國家工程建設的主要勞動力,譬如修築帝王陵寢一事,主要仍依賴刑徒。漢帝有時也會針對修築王陵的刑徒而赦,例如,景帝七(前150)年及中元四(前146)年,均曾「赦徒作陽陵者」。宣帝五鳳元(前57)年亦曾赦「徒作杜陵者」,宣帝元康元(前65)年更曾「赦天下徒」。元帝以降,赦刑徒的例子更是愈來愈多了。

元帝以降,漢已衰弱,赦事則愈多。到哀平時,幾乎年年有赦。宣帝時,多因祥瑞而赦;元帝以降,卻常因災異而赦。此外,針對刑徒而頒的赦令也特別多,例如元帝到平帝的五十二年間,共赦十一次刑徒。

爲何此時經常赦免刑徒?佐竹昭氏以爲主要是由於農民逃亡問題嚴重,政府無法充份掌握農民,因此,不得不依舊仰賴刑徒

的勞動力。過度的役使，到成帝時，爆發了幾起刑徒的叛亂，朝廷為緩和與刑徒間的緊張關係，經常放免刑徒。（註四七）

　　政府大量放免刑徒之舉，歷元、成、哀、平四帝不變。新莽時期，卻出現逆轉，終王莽之世，除了七次大赦以外，沒有減等，也沒有縑贖，更沒有赦刑徒。沒有赦刑徒，是否顯示王莽對刑徒的勞動力較前漢為依賴呢？由於史料不足，甚難論定。

　　朝廷經常赦刑徒，那麼，刑徒是否就因而馬上獲得釋放？據荷蘭漢律專家何四維（Hulsewe A.F.P）的意見，以為大赦對刑徒的好處，就是令到他們成為「復作」。（註四八）「復作」之解釋見於《漢書》卷8〈宣帝紀〉：

> 李奇曰：復作者，女徒也。謂輕罪，男子守邊一歲，女子軟弱不任守，復令作於官，亦一歲，故謂之復作徒也。
>
> 孟康曰：復音服，謂弛刑徒也，有赦令詔書去其鉗釱赭衣。更犯事，不從徒加，與民為例，故當復為官作，滿其本罪年月日，律名為復作也。

顏師古、何四維均以孟康之說為是，然沈家本則以李說為是。（註四九）居延漢簡出土後，在漢簡中發現的復作全是男性，（註五〇）以女子為復作的說法顯然不對。

　　其實沈、何二人都忽略了《漢書‧晁錯傳》中臣瓚的解釋。傳中載晁錯上書建議文帝移民實邊，提到希望文帝「募罪人及免徒復作令居之。」臣瓚對「免徒復作令居之」釋為「罪人遇赦復作竟其日月者，今皆除其罰，令居之也。」顯然臣瓚與孟康的解釋是相同的。大赦使到刑徒得以脫掉刑具（鉗釱）及赭衣，讓他們回復庶人身份，若更犯事，與一般庶民一樣，不會以累犯被起訴。不過，他們仍需替政府工作至刑期屆滿為止，這種身份在法律上稱作「復作」。「復作」只是被赦了「罪」，而沒有被免「

罰」。

　　附帶一提的是，文帝以前的徒刑是沒有刑期的，徒刑之變成有刑期，也是在文帝十三（前167）年才發展出來的。（註五一）徒刑在沒有刑期時，不定期的大赦可以使刑徒恢復自由，但當徒刑變得有期刑後，由於朝廷非常依賴刑徒的勞動力，因此，大赦只能赦其罪，而不能免其罰。「復作」的出現，顯示國家對徒刑的改進，另一方面也顯示出對刑徒勞動力的依賴。

　　新莽政權只歷十四年就被推翻，漢宗室劉秀最後削平群雄，建立東漢政權。光武在位卅三年，凡十九赦，其中大赦十次，但十次大赦中，有八次都在建武七（31）年以前頒佈，此外，光武時期曲赦亦多，蓋其時正與群雄逐鹿之際，赦宥有其一定的政治作用，故不得不多赦。建武七（31）年以後，則因天下粗定，降赦便謹慎多了。蓋光武亦慎赦之主，非因吳漢之遺教也。

　　明章之世，減等、贖罪特多。二帝在位共卅一年，計有減等十，贖罪七。其實減等、贖罪之流行，正是後漢赦制異於前漢之一大特色。明、章減贖轉多，與國家的對外政策有著密切的關係。《後漢書·明帝紀》云：

　　　　（永平八年冬）詔三公募郡國中都官死罪繫囚，減罪一等，
　　　　勿笞，詣度遼將軍營，屯朔方、五原之邊縣；妻子自隨，
　　　　便占著邊縣；父母同產欲相代者，恣聽之。其大逆無道殊
　　　　死者，一切募下蠶室。亡命者令贖罪各有差。凡徒者，賜
　　　　弓弩衣糧。

這類對有罪者減刑，亡命者贖罪的詔書，以後經常可見。死罪繫囚減罪一等，然後被徙往朔方、五原等邊縣。朔方、五原瀕臨鮮卑，徙往此地自然是用以經營戍衛北方邊塞。這種「遷徙刑」在前文便曾提及，其濫觴可上溯到秦昭襄王時。減死遷徙除了遷往

五原、朔方以外，有時也會遷至西域的前哨——敦煌。明、章之世，再度經略西域，除了派班超父子出塞外，移民敦煌應該也是配合經營西域之行。

　　至於亡命者入贖之價，在上引史料中看不出來，但據《後漢書·章帝紀》云：

> （建初七年秋九月）詔天下繫囚減死一等，勿笞，詣邊戍；妻子自隨，占著所在；父母同產欲相從者，恣聽之；有不到者，皆以乏軍興論。及犯殊死，一切募下蠶室；其女子宮。繫囚鬼薪、白粲已上，皆減本罪各一等，輸司寇作。亡命贖：死罪入縑二十四，右趾至髡鉗城旦舂十四，完城旦至司寇三匹，吏人有罪未發覺，詔書到自告者，半入贖。

這裡可清楚看到贖價之多少。東漢以後贖罪之價，大體均類似章帝紀之記載。收縑贖罪，應是漢朝財政上的一大收入。

　　安帝在位十九年，凡恩赦十九次，赦贖之次數大幅增加，這與漢帝國境內的危機有著密切關係。在安帝時，漢帝國西北部爆發了長期的羌亂，綿延到桓、靈時期方始粗定。此時許多赦宥均針對羌亂而發，例如，永初元（107）年六月，有「赦除諸羌相連結謀叛者。」五（111）年閏月又有「赦涼州河西四郡。」（《後漢書·安帝紀》）在明、章時代，減死多徙往五原、朔方、敦煌等地，但這時漢朝早已放棄經營西域了，羌亂擾攘多年，更迫使漢朝把注意力集中在西北諸郡，減死者或徙往馮翊、扶風，或詣北地、安定戍。其後之減死詔書雖較為簡略，只注明減死徙邊，不知究竟徙往何處，但以其時羌亂之熾烈，疑其仍舊徙往涼州諸郡為是。

　　安帝以後，少帝、沖帝、質帝在位時間很短，只順帝享國較久，共在位十九年，有十五次恩赦，平均1.3年一赦，頻率很高。

及至桓、靈之時，漢室亂象已呈，赦宥更多，桓帝在位廿一年，共恩赦廿一次；靈帝在位廿二年，竟有恩赦廿五。兩漢赦宥之多，未有若靈帝者。史稱靈帝貪財，嘗令中使責州郡出助軍修宮錢，又賣官鬻爵於西園，（註五二）其貪婪爲兩漢所僅見。靈帝共七下繫續之詔，次數頻繁亦前所未有，或許與其貪財之性格有關也未可知。

靈帝末年，漢帝國已分崩離析，少帝、獻帝都只是軍閥操縱的傀儡而已，自中平六（189）年至建安元（196）年之八年間，竟大赦了十三次，其亂象自可想見。但自建安元（196）年至漢亡之間的廿五年，卻未嘗一赦，開兩漢所未見之局。不過，其時祭在劉氏，政歸曹瞞，漢室已名存實亡，新的時代已經來臨。這段期間的赦事，將於下文交待。

三、赦的季節性分佈

兩漢的赦宥，若細究其季節性的分佈，可以看出相當有趣的現象。首先，就大赦一項而論，兩漢共一百四十多次的大赦，主要都集中在正月至六月，即春夏兩季頒佈。這種習慣從文帝開始，便漸漸確立下來，漢帝鮮有在七月至十二月赦天下的。當然也有例外，但只有四次而已，且都在西漢，（註五三）東漢一律在正月至六月頒佈。

皇帝多在春夏兩季赦天下，終兩漢都沒有改變。這大概是受《呂氏春秋‧十二月紀》與《禮記‧月令》一類思想的影響。

當時的人以爲陰陽二氣主宰著一年四季，而「人君之治，莫大於和陰陽。」（註五四）因此，人君爲了要配合陰陽二氣之性格，在四季當有不同作爲：陰氣是肅殺的，故宜動兵刑，陽氣是和柔的，故宜施恩德；春夏是陰氣盛行之時，萬物皆在這時發生

萌芽成熟，人君不能動兵刑以免傷到天地之生氣，而且爲配合陽氣流行，更應施恩佈德於萬民。而秋冬兩季是陰氣支配之時，爲配合肅殺之氣，人君應當命有司申嚴百刑，懲罰有罪。（註五五）《呂氏春秋・十二月紀》及《禮記・月令》就是這種時代思潮下的典型產物。二書把這種思想體系化，明確記載陰陽二氣在每月中的消長，以及人君爲了配合陰陽宜有的所爲。大體上，仍然是春夏宜佈恩德，秋冬宜動兵刑之原則。漢朝君臣每年所作所爲到底有多少是依據〈十二月紀〉或是〈月令〉篇，雖不得而知，但對於春夏佈德，秋冬動刑之原則，大致上還很能遵守。刑獄多半在秋冬兩季案驗，死刑更是只有在冬季三個月內執行，而大赦這種恩德則集中在春夏兩季頒佈。（註五六）

時人熟知皇帝習慣在春、夏大赦，故獄訟都力圖拖延過冬，等到春天時，多半又有了生機了。據《漢書》卷36〈楚元王傳〉：

> 吏劾（劉）更生鑄僞黃金，繫當死。更生兄陽成侯安民上
> 書，入國戶半，贖更生罪。上亦奇其才，得踰冬減死論。

服虔注曰：

> 踰冬，至春行寬大而減死罪。

如淳注曰：

> 獄冬盡當決竟，而得踰冬，復至後冬，故或逢赦，或得減
> 死也。

類似的例子亦見同書卷30〈陳湯傳〉及卷74〈魏相傳〉。

曲赦方面，由於常常是爲了應付臨時的危機而頒佈，故看不出季節性的分佈。然而，減等、贖罪方面，卻有比較明顯的傾向。前文曾提到後漢減贖的數量，遠比前漢要多，據佐竹昭統計所得，後漢43次的減贖中，有35次都是在秋冬兩季頒佈，這與大赦集中分佈在春夏兩季，恰成強烈對比。減贖主要集中在秋冬，可能

與漢代獄訟在此二季進行有關，一俟審判結束，皇帝便下詔減贖，馬上收取罪犯贖縑，而死刑犯也被轉作別的用途。（註五七）

四、結　論

綜合而言，在國家草創時期以及瀕臨潰時，降赦的頻率都明顯偏高，其中又以帝國末期頻率最高。以前漢爲例，高祖在位時幾乎每年一赦；文帝時，赦事便大幅減少。至武帝時，出現一個高峰，然論頻率方面；文帝仍是比元、成、哀、平時期要低，哀、平時期，幾乎是年年都赦，較諸高祖時代仍要來得高。東漢的情況也頗爲類似。

恩赦的性質變化而言，前後漢的大赦次數差不多，不過，後漢減贖的次數則遠比前漢要多，前漢減贖只有12次，而後漢卻有43次之多。減死者多被遷往邊縣，有移民實邊的作用；至於經常下縑續之詔，應有補助國家財政的考慮。在季節性的分佈上，兩漢的大赦都比較集中在春夏兩季；而東漢的減贖，則比較集中於秋冬兩季，恰恰構成強烈對比。

總而言之，兩漢赦、贖、減等寬貸措施，充滿了對勞動力的考慮。刑徒遇赦只能成爲「復作」，仍需把所剩刑期服滿，就充份顯示國家對刑徒勞動力的重視。另外，對死罪及亡命者的寬貸，也是基於這種考慮。

在國家的統治下，只有死刑犯及亡命者的勞動力，是沒有被國家所用，蓋前者生命將爲國家所奪，後者逃離了國家的賦役網。但國家不會輕易放過這些勞動力的，因此，對於死罪是減死一等予以戍邊。對於亡命者，常有入縑贖罪的優待，甚至經常大赦以免其罪，如枚臬、朱雲、嚴延年、原涉、馬援、翟酺等，均犯法亡命，最後逢赦而出。（註五八）很明顯的，政府這些措施是希

望把不為國家所用的勞動力，轉化為國家所用。減贖集中在獄訟季節（秋冬），顯然就是為了一俟判決後，馬上轉化使用這些勞動力之故。可見兩漢的恩赦與勞動力之間的關係是相當密切的。

【附 註】

註 一　《易程傳》（台北，世界書局，1979）卷4，頁178。

註 二　「三宥」、「三赦」的討論，可參看西田太一郎著，段秋關譯《中國刑法史研究》（北京，北京大學，1985）頁92～118。

註 三　《周禮・秋官・司刺》，十三經注疏本，頁540。

註 四　類似觀點尚見於《尚書・康誥》「敬明乃罰，……乃有大罪，非終，乃惟眚災，適爾，既道極厥辜，時乃不可殺。」十三經注疏本，頁202。

註 五　朱熹《四書集註》（台北，中華書局，四部備要本，民62）〈論語・子路〉，頁1。

註 六　《周禮・地官・大司徒》，十三經注疏本，頁157。

註 七　《周禮・地官・司市》，十三經注疏本，頁221。

註 八　據沈家本考訂，以為所赦之刑人，應是《周禮・地官・司刑》所指的「小刑憲罰，中刑徇罰，大刑扑罰」等三類犯。見氏著《歷代刑法考》，頁523。劉令興更進一步以為此三者均只是輕微的違警罰。見氏著〈中國大赦制度〉，頁143。

註 九　《尚書・舜典》有「金作贖刑」的記載，與〈呂刑〉「墨辟疑赦」等，同樣可視作後世贖刑的端倪。關於贖罪之淵源，可參看沈家本《歷代刑法考》，頁427～483，及陳漢生、胡若虛〈我國古代贖刑制度述略〉（社會科學（上海）1983-11）。

註一○　《國語》（台北，里仁書局影印本，民69）卷6〈齊語〉頁239～240。

註一一　陳奇猷《韓非子集釋》（台北，漢京文化事業，民72）卷8〈

　　　　　大體篇〉，頁512。

註一二　蔣禮潛《商君書錐指》（北京，中華書局，1986）卷5〈禁使〉，
　　　　　頁132。

註一三　所論法家「罪刑法定主義」之部份，參看栗勁《秦律通論》（
　　　　　濟南，山東人民，1985）頁172～190。

註一四　《商君書錐指》卷四〈賞刑〉頁106。

註一五　《韓非子集釋》卷一〈愛臣篇〉頁60及〈主道篇〉頁69。

註一六　同前書卷9〈內儲說上〉頁538。

註一七　《左傳》莊公二十二年，十三經注疏本，頁162。

註一八　同上註。

註一九　參看沈家本《歷代刑法考》，頁526。

註二〇　丘濬《大學衍義補》（京都，中文出版社，1979）卷109〈慎
　　　　　眚災之赦〉，頁1135。

註二一　參看馬伯良《慈悲的質量》，頁4

註二二　劉令輿〈中國大赦制度〉頁159。

註二三　裴駰說見《史記》（北京，中華書局，1982）卷41〈越王勾踐
　　　　　世家〉，頁1755。

註二四　劉令輿亦有類似的看法，見〈中國大赦制度〉頁160。

註二五　據《史記》卷5〈秦本記〉所載，秦繆公曾赦免二百名盜食善
　　　　　馬的岐山野人。馬非百以爲「秦人有赦，蓋自此始。」參看氏
　　　　　著《秦集史》（北京，中華書局，1985）頁854。

註二六　大庭脩《秦漢法制史の研究》（東京，創文社，1982）頁167。

註二七　《尚書·舜典》十三經注疏本，頁40。

註二八　《漢書》（北京，中華書局，1964）卷83〈薛宣傳〉，頁
　　　　　3395。

註二九　可參看寧漢林《中國刑法通史》（瀋陽，遼寧大學，1986），

第二分冊，頁338。

註三〇　關於徒刑的刑期問題，可參看張金光〈關於秦刑徒的幾個問題〉
　　　　收入《中華文史論叢》（上海，上海古籍，1985-1），頁21～
　　　　47；又可參考栗勁《秦律通論》（濟南，山東人民，1985），
　　　　頁277～283。

註三一　栗勁也有類似的意見。參看氏著《秦律通論》，頁279。

註三二　《睡虎地秦墓竹簡》（北京，文物出版社，1978），頁167。

註三三　參看林劍鳴《法與中國社會》（長春，吉林文史，1988），頁
　　　　128。不過林氏所論似乎來自栗勁《秦律通論》「我國古代的
　　　　『罪刑法定主義』」，頁172～191。

註三四　參看栗勁《秦律通論》，頁496。

註三五　據王符《潛夫論》卷16〈述赦篇〉云：「反一門赦之，令惡人
　　　　高會而夸詑，老盜服贓而過門，孝子見讎而不得討，亡主見物
　　　　而不得取，痛莫甚焉。」可見漢代大赦時，物主亦是無追贓權
　　　　的。

註三六　《睡虎地秦墓竹簡》，頁216。

註三七　《睡虎地秦墓竹簡》，頁205。

註三八　《睡虎地秦墓竹簡》，頁247。

註三九　關於秦律中的「贖刑」，可參看栗勁《秦律通論》，頁288～
　　　　294。

註四〇　《漢書》卷1〈高帝紀上〉，頁7。

註四一　《漢書》卷34〈英布傳〉，頁1881。

註四二　參看劉令輿〈中國大赦制度〉，頁161。

註四三　大赦的例子可參看前後漢書各帝的本紀；又《古今圖書集成》
　　　　『祥刑典』將各帝的赦宥清楚臚列；此外，沈家本《歷代刑法
　　　　考‧赦考》，更將大赦分類討論。

註四四　參看沈家本《歷代刑法考》，頁582。

註四五　參看佐竹昭〈中國古代における赦について——日中比較のための一試論〉,頁9。

註四六　《漢書》卷8〈宣帝紀〉，頁275。

註四七　參看佐竹昭〈中國古代における赦について——日中比較のための一試論〉頁10～11。

註四八　見氏著Remnant of Han law;Vol.1 P.240～242。

註四九　沈家本《歷代刑法考》，頁1535。

註五〇　勞榦《居延漢簡——考釋之部》（台北：中研院史語所，1960）頁36， 520.25A「武以主領徒復作爲職，居延茭徒髠鉗城旦大男廝殷，署作府中寺舍」；又頁96，60.2「復作大男叢市」；又頁137，37.33「居延復作大男王建」。

註五一　參看張金光〈關於秦刑徒的幾個問題〉收入《中華文史論叢》（上海：上海古籍）1985-1，頁21～46。

註五二　《後漢書》卷78〈宦者張讓傳〉，頁2535。

註五三　這四次的例外，在文帝、昭帝、宣帝、成帝時各有一次。文、宣、成三帝的例外，都是踐祚時的大赦，但要注意的是文帝、宣帝都在七月才即位，而成帝則在九月登基，故他們的非時而赦，都是可以理解的。

註五四　王符《潛夫論》卷9〈本政篇〉。

註五五　關於「陰陽」、「刑德」、「四季」之交互關係，在漢人著作中常有討論，如《淮南子》〈天文訓〉、〈時政訓〉，《春秋繁露》〈陽尊陰卑篇〉、〈王道通三篇〉、〈陰陽義篇〉、〈天道無義篇〉、〈五行五事篇〉，《潛夫論》〈本政篇〉，《風俗通義》〈皇霸篇〉、〈祀典篇〉等著作中都有反覆討論。

註五六　兩漢君臣順應時節刑賞行事之記載，在正史中很容易找到，《

漢書》卷75〈李尋傳〉載李尋上書哀帝，以爲人主春夏治獄舉兵，秋冬行封賞，國家將罹災害。故人主應「尊天地，重陰陽，敬四時，嚴月令」。同書卷77〈諸葛豐傳〉載豐常「以春夏繫治人，在位多言其短」。《後漢書》卷3〈章帝紀〉元和元（84）年秋七月丁未詔曰：「宜及秋冬理獄，明爲其禁」；元和二（85）年正月詔曰：「方春生養，萬物孳甲，宜助萌陽，以育時物。其令有司，罪非殊死，且勿案驗；及吏人條書相告，不得聽受。冀以事寧人，敬奉天氣，立秋如故。」卷25〈魯恭傳〉及卷46〈陳寵傳〉也有這類的記載。有關這方面的論述甚多，可參看西田太一郎著《中國刑法史研究》，頁164～175。

註五七　參看佐竹昭〈中國古代における赦について——日中比較のための一試論〉，頁25。

註五八　《漢書》卷51〈枚皋傳〉、卷67〈朱雲傳〉、卷90〈嚴延年傳〉、卷92〈原涉傳〉；《後漢書》卷24〈馬援傳〉、卷48〈翟酺傳〉。

第三章　魏晉南朝赦宥的概況

第一節　三國時期（196～265）

一、問題所在

靈帝光和七（184）年，黃巾之亂爆發，其主力雖馬上為漢朝敉平，然接踵而來的軍閥混戰，使漢帝國為之瓦解。黃巾亂後，漢祚雖尚延續了三十多年，然實際政權則落入軍閥手中，漢朝早已名存實亡。建安元（196）年，曹操遷漢帝於許，挾天子以令諸侯，自此以後，祭在劉氏，政歸曹瞞，新的時代已經來臨。若就赦宥的角度來觀察，此時所呈現的面貌，與兩漢時期有何不同？是否能透過赦制的檢討，觀察到時代的轉變呢？曹操、諸葛亮都是法家色彩濃厚的政治家，他們對恩赦是採取甚麼樣的態度？兩漢正值赦制的形成期，各方面都顯得很雜亂，三國時代又作了甚麼修訂？這些都是本節將要探討的。

二、曹魏赦宥的概況

兩漢赦宥之多已見前述，平均不到二年就有一次恩赦，發展到桓、靈時期達到最高峰，幾乎一年一赦。然而，自建安以降，卻出現一次逆轉。在曹操主宰下的漢朝，竟然歷廿五年未嘗一赦！可謂開兩漢未有之局，這在兩漢多赦的政治中，殊堪重視。然而，曹操不赦的作風，只能及身而止，繼任者均不如武帝惜赦。

延康元（220）年，曹丕篡漢，是為魏文帝。文帝在位七年，

凡大赦一，曲赦三。唯一的大赦是在踐祚時頒佈，另外的三次曲赦，值得注意的是黃初五（224）年六月赦青、徐二州，以及六（227）年六月赦利成郡的造反者。（《三國志，魏書・文帝紀》）一年之內，兩赦青、徐，顯得很不尋常。

　　青、徐勢力一直是曹魏政權東方的隱憂，曹丕繼魏王位時已有意整頓，及至黃初五（224）年及六（225）年，曹丕親督大軍南征，發動兩次廣陵之役。其實，這兩次南征目標不只是東吳，也包括青、徐勢力。五（224）年九月，當大軍至廣陵時，文帝乘機「赦青、徐二州，改易諸將守。」（《三國志・魏書・文帝紀》）撤換青、徐各城原來將領，是要徹底消滅當地豪強的勢力。但這項行動馬上招致激烈抵抗，爆發所謂「利城兵變」。最後青州亂事爲王淩、王基所平；徐州方面，則由呂虔聯合王祥，再加上宿衛兵及青州兵予以鎮壓。六（225）年八月文帝再度耀兵廣陵，其目的更明顯是爲了鎮懾青、徐之豪霸。徹底解決了青、徐豪霸的勢力，可謂文帝在位七年最重要的事功。（註一）

　　文帝雖不若乃父從未一赦，但尚算慎赦。曹魏自明帝開始，赦宥的次數開始劇昇。明帝在位十四年，凡大赦五、曲赦一、赦殊死以下一及贖罪一，共八次赦宥。其中曲赦是由於公孫淵據遼東反，明帝便赦「遼東將吏士民淵所脅略不得降者」，這種對動亂地區頒佈赦令，試圖分化動亂集團的措施，在前文兩漢赦宥概況時已曾提到。明帝除了如陳壽所評「邁追秦皇、漢武，宮館是營」外，也像秦皇、漢武到處巡幸，因此，明帝除因踐祚及皇子生而赦外，也因巡幸而兩度大赦（景初元（237）年五月、太和二（228）年四月）。此外，太和四（230）年十月，東巡洛陽後，頒令「罪非殊死聽贖各有差」，這是三國時期唯一的贖令，與後漢減等、贖罪之頻密相比，顯示時代的轉變。（以上參看《

三國志‧魏書‧明帝紀》）

　　曹魏自明帝首開多赦之風後，嗣君都頻繁肆赦。齊王芳在位十四年，大赦八；高貴鄉公在位七年，凡大赦三、曲赦三；元帝在位六年，凡大赦三、曲赦二。三少帝的多赦，與實際政治局勢的變動有密切關係，而政局之變動，主要是因曹爽集團與司馬懿集團鬥爭所致。

　　正始十（249）年元月，司馬懿趁著輔政的曹爽兄弟陪同齊王謁高平陵時，發動政變，族滅曹爽兄弟及其黨羽。此即所謂「高平陵事件」，事後大赦。但兩陣營的鬥爭尚未終止。嘉平六（254）年二月，司馬師再度整肅曹爽餘黨，誅中書令李豐、皇后父光祿大夫張緝及太常夏侯玄，事後大赦。三月廢皇后張氏，四月立皇后王氏，大赦。經過兩次整肅後，曹爽集團在洛陽的勢力被徹底剷除，但在地方上的武力則仍然存在。嘉平三（251）年至甘露二（257）年間的「淮南三叛」，便都是由曹爽集團發動的。（註二）

　　嘉平三（251）年，征東將軍王淩及外甥兗州刺史令狐愚在淮南叛亂；正元二（255）年，鎮東將軍毌丘儉及揚州刺史文欽又在淮南起事；甘露二（257）年，征東大將軍諸葛誕又在淮南舉兵。三次叛亂的領導人物，都屬曹爽團。令狐愚曾為曹爽長史；（《三國志‧魏書‧王淩傳》注引《魏書》）毌丘儉與夏侯玄及李豐關係「良善」，文欽與曹爽則為同鄉；（《三國志‧魏書‧毌丘儉傳》）諸葛誕則與夏侯玄、鄧颺等相善，曾「共相題表」。（《三國志‧魏書‧諸葛誕傳》）三次叛亂旋為司馬氏所剿平，亂後為安撫淮南，先後特赦為所詿誤之淮南士民。

　　除了淮南有事而曲赦外，因為蜀漢而頒佈的曲赦也有三次。正元二（255）年，因鄰接蜀漢的隴右四郡，連年受蜀漢攻略，

百姓或叛或亡，為免留在本土的親戚不安，因此便下詔特赦。景元四（263）年、咸熙元（264）年兩度曲赦益州，前一次因鄧艾定蜀，後一次則因鍾會之亂所致。（《三國志‧魏書‧三少帝紀》）

徐了因政治鬥爭而赦外，立后而赦，似乎已成習慣了。例如，正始四（243）年、嘉平四（252）年、六（254）年、正元二（255）年、景元四（263）年都因立后而頒佈大赦。（《三國志‧魏書‧三少帝紀》）

三、蜀漢赦宥的概況

劉備自建安十三（208）年得荊州，十九（214）年據蜀，至章武元（221）年稱帝，只有在即帝位時曾經大赦，可謂極為謹慎。諸葛亮治蜀，除後主建興元（223）年即位改元大赦外，主政十二年，未嘗有赦。據常璩《華陽國志‧後主志》云：

> 丞相亮時，有言公惜赦者，亮答曰：「治世以大德，不以小惠，故匡衡、吳漢不願為赦。先帝亦言：『吾周旋陳元方、鄭康成間，每見啓告，治亂之道悉矣，曾不語赦也。若（劉）景升、季玉父子，歲歲赦宥，何益於治！』」

可見劉表治荊州及劉璋治益州時，均經常大赦。然劉備、孔明統治荊、蜀時，為政都反對肆赦，以為治世應以大德，赦宥只是小惠。這種論點頗類似前章所提及管子的意見，史稱諸葛亮「每自比於管仲、樂毅。」（《三國志‧蜀書‧諸葛亮傳》）或許其慎赦的作風，的確是受管子影響也未可知。總之，在先主及武侯治蜀時，都非常慎赦。

蜀漢赦制的發展，可以武侯作一分水嶺，武侯在世，相當慎赦，然武侯薨後，蜀政漸衰，在往後的廿九年中，大赦了十二次

之多。值得注意的是，這十二次大赦中，疑有五次是因軍事行動
而頒佈的。這五次是：延熙六（243）年及九（246）年，蔣琬
及費禕分別巡視完前線漢中後；十四（251）年是費禕北駐漢壽；
十七（254）年是姜維率眾圍魏南安，不克而還；炎興元（263）
年是魏將鄧艾、鍾會數路伐蜀，蜀遣將拒之。（《三國志·蜀書
·後主傳》）

陳壽曾稱頌諸葛亮「軍旅屢興而赦不妄下，不亦卓乎！」（
《三國志·蜀書·後主傳》）陳壽會有這番評價，可能有感於費
禕、姜維因連年用兵而大赦，遠遜於武侯之屢次北伐卻不妄施「
小惠」。因此，陳壽才會如此稱道武侯，換句話說，也是對費禕
等人的貶斥。其實，費禕主政時經常肆赦，亦為時人所詬病，按
《三國志·蜀書·孟光傳云：

> 延熙九年秋，大赦，（孟）光於眾中責大將軍費禕曰：「
> 夫赦者，偏枯之物，非明世所宜有也。衰弊窮極，必不得
> 已，然後乃可權而行之耳。今主上仁賢，百僚稱職，有何
> 旦夕之危，倒懸之急，而數施非常之恩，以惠姦宄之惡乎？
> ……」禕但顧謝踧踖而已。

大赦寬免罪囚，固是一項恩典，然罪囚多為姦宄之人，對這些惡
徒數度施以非常之恩，顯然並不恰當，因此招致孟光的責難。

四、孫吳赦宥的概況

孫吳政權若從孫堅、孫策經略江東始，以迄孫皓亡國，共歷
八十多年，凡大赦卅四、赦死罪二，頻率似乎不高。不過，就時
間性的分佈而論，孫吳也呈現與曹魏、蜀漢類似的特色。

孫權在位五十一年，大赦九，赦死罪二。首次的恩赦是黃武
三（224）年八月的「赦死罪」，距建安六（201）年即位，已

歷廿三年了。從孫堅到黃武三年這三十年間，孫氏一直沒有赦過，這恐怕與當時反赦風氣有關。又值得注意的是，孫權首度頒佈的是「赦死罪」而非「大赦」。孫權可能為避免引起曹魏與蜀漢的不滿及猜疑，雖君臨江東多年，且已自訂年號，但一直沒有稱帝。理論上，有資格頒佈「大赦」這種「非常之恩」的，普天之下只有皇帝一人而已。因此，孫權既未稱帝，也就不方便頒行大赦了。及至五年後的黃龍元（229）年，正式稱帝，始正式頒佈「大赦」。若將此例與前述劉邦的情形相提並論，就更能看出大赦與帝位之間的關係了。

孫權即帝位後，大赦就較為頻繁，自黃龍元（229）年至神鳳元（252）年崩的廿三年中，凡大赦九、赦死罪一，頻率算高。但相較其後嗣，則猶有未及。孫亮在位七年，大赦六；孫休在位七年，大赦四；孫皓在位十七年，竟大赦了十五次。

孫吳卅多次大赦，因祥瑞而赦的次數頗多，共有六次，分別為西元231年嘉禾生、265年甘露降、266年得大鼎、275年得銀冊、276年得石函及見石室等六次。其中的五次都是發生在孫皓在位時。此外，有兩次是立太子大赦，分別為孫權赤烏五（242）年及景帝永安五（262）年。孫皓時，雖無立太子而赦之紀錄，但卻有三次大封諸子為王，事後大赦的例子，這三次分別是鳳凰二（273）年、天紀二（278）年及天紀四（280）年。

孫吳也像曹魏一樣，有一段時期的大赦，是因政治鬥爭所引起的。建興二（253）年十月大赦，是因孫峻殺重臣諸葛恪。恪死後，孫峻、孫綝相繼專政。五鳳三（256）年十月大赦，是因滕胤及呂據合謀討孫綝，結果兵敗被殺。太平三（258）年大赦，是孫綝廢孫亮，另擁立孫休為帝的踐祚大赦。這五年間，至少有三次的大赦是由政爭引發的。同年十二月，綝為孫休所誅，擾攘

多年的政局方歸穩定。

五、結　論

綜觀三國赦宥的概況，有以下幾點值得注意：

首先，在建安元年以後的二、三十年間，不管是曹氏、劉氏或孫氏政權，不約而同的都出現一段不赦或少赦的時期。筆者推測，約略同時間在不同政權的不赦（或少赦）政治，並不是單純巧合，這應是後漢中葉以來社會上普遍的要求。

兩漢頻密的肆放，在後漢末葉，遭到前所未有的批評。王符、崔寔及荀悅等知識分子，都對赦贖制度作出嚴厲的縫伐。王符在《潛夫論・述赦篇》的開始，便大聲疾呼：「今賊民之甚者，莫大於數赦！」以為大赦本身就是一種不公平的措施，蓋良民奉公守法，沒有犯罪，大赦對他們毫無好處，相反的，良民被偷盜殺害，本望朝廷將凶徒繩之於法，沒想到皇帝竟然經常予以大赦，這又如何不叫老百姓痛心呢？

此外，朝廷大赦是希望罪犯改過自新，但奸猾之徒雖屢獲恩赦，卻沒有重新做人。尤有甚者，洛陽出現一種殺手集團，稱為「會任之家」，專門僱用殺手，置人於死地，其敢如此猖狂，就是知道朝廷經常大赦。有以為「久不赦則姦宄熾而吏不制，故赦贖以解之」，王符駁斥這種言論，以為人民輕為盜賊，吏之易作姦宄，就是因為朝廷常常大赦，使人心存僥倖。天立人君就是要其奉天威命，共行賞罰，法令行則國治，法令弛則國亂，致治在於明法，不在數赦。

稍晚的崔寔，在其《政論》中提到大赦的出現，是由於聖王興起，誅除元凶，遂赦其臣民使得以洗心革面，沾染王化。漢代年年大赦，不單沒有使姦宄之徒洗心革面，反而使他們心存僥倖，

輕於犯法，尤其是春節前，罪案更是暴增。崔寔以為國家應鄭重宣佈永不復赦，使群小不敢輕易犯法，縱使無法做到永遠不赦，至少也要等十年才赦。

　　漢末的荀悅則以為漢初由於承秦之弊，比屋可刑，故有三章之法，大赦之令，以冀蕩滌穢流，更始自新。頒赦只是因應時代需要的權宜辦法，後世仍而不改，實在不勝其禍。（註三）

　　三人對大赦的批評雖有小異，但大體而言，都以為致治之本，不在數赦。數赦只會使人民心存僥倖，輕於犯法，對社會造成很大的傷害，朝廷妄想以多赦止姦宄，只會適得其反。王符等人的批評，或許正是標誌著這個時代，已在質疑赦贖的意義。王符等可說是代表著這股風潮下的知識界，而曹操、劉備、孔明、孫權等，則代表了響應這股風潮的政治領袖。

　　這幾個政權，除了曾有一段頗長的不赦時期外，為政還頗有任刑用法的作風。曹操法家色彩之濃厚，似乎不必煩言。諸葛亮治蜀又如何呢？據《三國志・蜀書・諸葛亮傳》注引《蜀記》云：

　　　亮刑法峻急，刻剝百姓，自君子小人咸懷怨歎。

又陳壽的評論亦云：

　　　犯法怠慢者，雖親必罰，服罪輸情者，雖重必釋，……刑
　　　政雖峻而無怨者，以其用心平而勸戒明也。

據此可知武侯治蜀，亦是嚴急苛猛的，只是其用心持平，施刑不避親疏，故百姓亦無怨尤。孫權方面，至少在黃武五（226）年之前的很長一段時間內，也是用法嚴酷的。按《三國志・吳書・顧雍傳》云：

　　　（孫）權嘗恣問得失，張昭因陳聽采聞，頗以法令太稠，
　　　刑罰微重，宜有所蠲損。

陸遜也曾上疏「以為科法嚴峻，下犯者多。」（《三國志・吳書

‧陸遜傳》）可見孫權用法的確頗為嚴峻，對於這類批評，孫權
亦沒有加以否認，只是提出他不得以的理由而已。（《三國志‧
吳書‧吳主傳》黃武五年冬十月條）曹操、諸葛亮、孫權等「刑
政嚴峻，赦不妄下」，正是他們為政原則的一體兩面。

　　然而，這種原則卻未能長期堅守，約在西元226年以後，三
國的大赦便漸漸頻繁起來了。

　　曹魏方面，明帝踐祚（226年）以後，大赦劇增。頗疑與朝
廷儒家勢力膨脹有關。明帝時期，司馬懿的勢力日漸攀升，明帝
駕崩前，更遺命懿與曹爽輔政，懿雖一度失勢，但正始十（249）
年高平陵政變後，司馬氏已獨攬曹魏大權。司馬氏為累世高門，
「伏膺儒教」，而支持他的都屬標榜儒學的世族集團。對百姓廣
施恩德，可謂典型儒家的治國原則，故疑明帝以降的多赦，或許
與司馬懿代表的儒家勢力冒昇有密切關係。（註四）其實不單朝
臣，就是明帝以下諸帝都有愈來愈濃厚的儒家色彩，例如，魏文
帝、明帝的推尊孔子、立太學、定五經課試、進經學、退浮華及
高貴鄉公與經師討論經學等，可見諸帝所受儒學熏陶愈來愈深。
（註五）

　　孫吳方面，黃武五（226）年，陸遜上疏要求孫權「施德緩
刑」。陸遜這次上疏，標誌著孫吳政治的一條分水嶺。孫權聽從
陸遜的勸諫，馬上令有司盡寫科條，送陸遜及諸葛瑾損益。修訂
科條就是「緩刑」。另外，從此之後江東的大赦也頻密起來，與
初期的不赦呈現迥異的風格，多赦也就是「施德」。似乎在一定
程度上，孫權的確採納陸遜「施德緩刑」的建議，作為往後治國
的方針。（註六）至於蜀漢從不赦到多赦的轉變，當以建興十二
（234）年，諸葛亮之死作為分界線。此後，蜀漢經常大赦。這
些在前文已曾提及，茲不贅述。

　　正如前文所述,漢朝正值赦制的形成期,許多習慣性的措施尚未確立下來,所以有林林總總的赦宥時機,卻沒有一項是必赦的。三國的恩赦則慢慢變得較爲制度化了。在三國諸多赦宥時機中,踐祚是必赦的,在兩漢猶有踐祚不赦的例子,如漢惠帝、景帝、武帝、和帝及沖帝踐祚時,均不曾大赦,但三國時則無一例外;另一必赦的狀況爲立皇后。曹魏立后大赦已在前文交待過,至於蜀吳之情況也一樣。蜀漢延熙元(238)年、孫權赤烏十四(251)年及孫亮建興二(253)年均是立后大赦。(註七)

　　兩漢經常因災異及祥瑞而大赦,然而,三國的大赦中竟然沒有一次是因災異而頒佈的!其原因並非三國無災異,在漢代經常因而大赦的日蝕現象,(註八)至少在曹魏黃初二(221)年六月戊辰及正始八(247)年二月庚午都有發生,但卻沒有大赦。曹魏既沒有因災異而赦,也沒有爲祥瑞而赦。蜀漢在延熙二十(257)年則有因景星見而大赦改元之例。孫吳的情況比較特殊,雖沒因災異而赦,卻曾五度因祥瑞而大赦。漢儒提出天象災異,試圖限制皇帝的權力;災異被視作對人君的一種警告,(註九)國家發生災異,人君應自我反省是否有失德之處,故漢帝常會爲災異而下詔罪己,也會因此大赦以施德於萬民。三國不再因災異而大赦,似乎意味著這套限制皇權的手段已經失效。從這個角度來看,皇帝的權力又得到進一步的伸張了。

　　就分佈大赦的時機言,三國固然比兩漢來得簡略,但另一方面,卻又新創了兩種赦例,一爲皇子誕生,一爲朝廷政治鬥爭。(註一〇)因皇子誕生大赦,三國時僅見魏明帝太和五(231)年一例,然自魏首開此例後,便爲後世沿用。兩漢似無因政爭而赦的紀錄,但三國時例子甚多。前文曾提到的,有曹魏高平陵事件所導致的一連串大赦,也討論過江東的孫峻、孫綝專政時的大赦;

蜀漢方面,則只有建興十二(234)年一次,肇因武侯死而引發楊儀及魏延間的大火併,結果魏延敗死,儀回國後大赦。因政爭而大赦,在兩晉南朝時期,實在多不勝數。

第二節　兩晉時期(265～420)

一、問題所在

公元263年,曹魏遣鄧艾、鍾會分道伐蜀,艾軍一路勢如破竹,攻入成都,後主劉禪投降,立國四十多年的蜀漢終於滅亡。265年,司馬炎篡魏自立,改國號爲晉,是爲晉武帝,曹魏遂亡。晉朝再經十五年部署,於咸寧六(280)年派杜預率軍滅吳,至此,分裂近百年的中國,再造統一之局。

然而,晉朝富盛的局面,沒有維持太久。惠帝甫即位,政變迭起,宗室諸王十多年的廝殺,斲喪國家元氣,蟄伏中國內地的胡人遂有可乘之機,終使兩京陷落,二帝蒙塵。其時琅邪王司馬睿早已偕王導過江至建業,北方淪陷後,晉朝政治中心遂南移至江左,開啓以下百年的統治。

在兩晉一個半世紀的統治下,赦制發展出怎樣的特色呢?再者,兩晉政局並不穩定,在這樣紛亂的局勢中,赦宥的頻率又呈現怎樣的狀況?兩晉雖同爲司馬氏政權,畢竟洛陽政權與建康政權間,有著明顯差異。眾所周知,東晉爲門閥士族專斷朝政的時代,士族是當時政治中心,這種時代特質,又是如何反映在赦宥制度上呢?這些都是本節將要討論的。在敘述赦制動態發展的過程中,本節將儘量把赦制與實際政治概況關聯起來討論,使讀者能清楚看到二者之間的密切關係。

二、西晉時期

㈠武帝時期（265～290）

　　晉武帝在位廿五年，凡大赦九、曲赦三、赦徒二。武帝首度大赦，是爲泰始元（265）年篡魏自立的踐祚大赦。踐祚大赦的傳統，在三國時期確立，晉朝以降都延續下去。據表二及表八所見，晉武帝時因嘉禮而赦，尚有泰始十（275）年正月改元咸甯元年及咸甯二（276）年冊立皇后等兩次。冊立皇后大赦，也是繼承三國傳統而來。在吉禮方面，是行藉田禮及太廟落成兩次。武帝於泰始四（268）年春正月丁亥，行藉田之禮，禮畢大赦。唐許敬宗所編《文館詞林》卷665，尚保存此篇赦書。（註一一）然而，武帝以前並無行藉田禮而赦之先例，這次突然爲藉田禮而赦，顯得有點特殊。頗疑這次大赦與班行新律有關。

　　晉律修成的時間，據《晉書・武帝紀》所載爲泰始四（268）年正月丙戌（十八日），班行的時間爲兩日後的戊子（二十日）。律令在班行前兩天才修成，似無道理。應以《晉書・刑法志》所記，律令成於泰始三（267）年爲合，且經定科郎裴楷執讀於御前。顯然新律完成於泰始三年，而趁著四年正月丁亥（十九日）藉田禮畢，於翌日（戊子，二十日）下詔頒行。由於頒行新律，因此需要「宜寬有罪，使得自新」，所以大赦天下。

　　武帝十四赦中，有幾次是針對刑徒的：此即泰始五（269）年、六（270）年及咸甯二（276）年等三次。這三次都是赦「五歲刑以下」。按晉的勞役刑分爲四等，「一曰髠鉗五歲刑，笞二百；二曰四歲刑；三曰三歲刑；四曰二歲刑。」（註一二）可知五歲刑爲徒刑之最重者，赦「五歲刑以下」也就是赦「刑徒以下」。類似例子以後經常可見。這種以刑期長短來區分徒刑的輕

重，是刑律的一項進步。在兩漢時代，勞役刑之刑名計有鬼薪、
白粲、司寇作、城旦舂等，其刑罰輕重原是以勞役性質來區分，
但隨著時代轉變，刑名與其工作性質已有差異，變得名實不符了。
晉律的改訂，無疑是種進步。一般認為這項改進應是承繼魏律而
來的。（註一三）

　　武帝的三次曲赦，一為泰始五（269）年之曲赦交趾、九眞、
日南五歲刑；（註一四）一為泰始七（271）年夏五月赦雍、涼、
秦境內殊死以下；一為夏八月曲赦南中四郡。其中曲赦交趾及南
中諸郡二者之間，具有一定關聯。

　　263年，交趾郡吏呂興不堪太守苛政，遂殺太守降魏，日南、
九眞也相繼入降。司馬炎建晉後，積極出兵交州。據《華陽國志
‧南中志》云：

　　　　霍弋表遣建寧爨谷為交趾太守，率牙門將建寧董元、毛炅、
　　　　孟幹、孟通、爨熊、李松、王素等，領部曲以援之。

其時為泰始元（265）年。泰始五（269）年，孫皓欲奪回交趾
等郡，便派遣劉峻、脩則等入擊交趾，結果為晉軍破殺。晉朝為
籠絡人心，遂於戰後赦免三郡徒刑以下。可能是交通阻隔，所以
頒赦詔之日，與退吳兵之日，相差數月之久。

　　孫皓雖一度被擊退，但其對交趾顯然志在必得，所以第二年
又調集三十萬大軍進攻。泰始七（271）年七月，晉兵終於大敗，
全軍覆沒。交趾、九眞、日南遂重歸孫吳。（註一五）此次交趾
之爭，不單影響交趾的歸屬，更影響晉朝的西南政策。原來泰始
元（265）年調集入交趾的，均屬建寧大姓及其部曲，其人數雖
沒記載，但以孫吳動員三十萬兵力爭奪交趾一點，戍守交趾的南
中武力當不在少數。南中大姓在此役中傷亡慘重，晉朝正好乘此
良機，加強對 南中的統治。（註一六）於是，在八月分益州南中

四郡為寧州，同時曲赦該地。

　　至於曲赦秦、雍、涼三州，則是由於三州發生饑荒。三州之所以發生饑荒，恐怕是肇因於泰始六（270）年的樹機能叛亂。樹機能為河西鮮卑，率族人叛於秦州，旋破殺秦州刺史胡烈。七（271）年夏四月，又聯合北地胡寇金城，害刺史牽弘。（註一七）秦、涼一度陷入緊急狀態，晉朝為緩和局勢，防止戰火蔓延，曾於胡烈戰死後，馬上「復隴右五郡遇寇害者租賦，不能自存者廩貸之。」（《晉書・武帝紀》）同樣的，七（271）年五月的赦三郡，當也是這種考慮。

　　此外，武帝也有一次因災異而赦的紀錄，就是太康五（284）年十二月因「三辰謫見」而大赦天下。（註一八）此次因災異而赦，具有很重要的意義。蓋因三國時代，魏、蜀、吳三國，都沒有因任何一次災異而大赦天下，因此，武帝此次大赦，可謂是八十年來所未有。類似的因災異而赦，在東晉時更加常見。

　　武帝朝的恩赦，尚有一點需說明的，就是關於贖刑的法制化。兩漢皇帝經常頒佈贖罪的詔書，可是，這些都是臨時性的贖罪詔書，每次恩准贖罪的對象，以及入贖的價格，都是臨時頒佈。然而，泰始三（267）年修成的晉律，其刑罰大體分為生命刑、勞役刑以及財產刑三種。財產刑指贖罪十等，包括贖刑五等及雜抵罪罰金五等，贖刑的對象及條件都在律文中明確規定，只要符合條件，就可以獲准贖罪，贖刑已經被法制化了。就法制的發展而言，臨時頒佈且每次條件不一的贖罪，終非法律的常態，晉律對贖刑作了一番仔細的規劃，不啻是法制發展的一大進步。由於贖刑已演變為刑律中的一種常刑，因而自此以後，已很少看到皇帝臨時性的贖罪命令了。

　　㈡惠帝～愍帝時期（290～316）

惠帝自永熙元（290）年登基，至光熙元（306）年遭鴆殺，共在位十七年，凡大赦二三、曲赦五、赦徒一，共有二九赦，平均一年赦1.8次。永康元（300）年，一年四赦；永甯元（301）年，一年三赦；太安元（302）、二（303）年各赦兩次；而永興元（304）年，竟然一年七赦，實爲史上僅見。惠帝之多赦，與政局之混亂，有著密切的關係。「八王之亂」正是導致局勢混亂的重要原因。

永平元（291）年至光熙元（306）年的「八王之亂」，其爆發原因，傳統以來都認爲是武帝封建諸王所造成的。但近年來，學界普遍否定這種講法，而嘗試從不同的角度重新加以檢討，或從宗王出鎮之角度探討，（註一九）或從士族門閥勢力惡性膨脹來分析；（註二〇）或歸罪於武帝立儲及選派輔政大臣失當；（註二一）或指出武帝時之頹靡政風已埋下動亂之因子等。（註二二）不管原因爲何，總之，延綿十五年的殺戮，造成數十萬官民的死亡，對西晉政權帶來了致命的打擊。

惠帝廿多次大赦中，至少有十六次是因八王之亂而頒佈的。然而，這些大赦並非平均分佈在這十五年間，在永康元（300）年以前只有四次，而在永甯元（301）年以後至少有十二次之多。

因「八王之亂」而在永甯元（301）年以前頒佈的四赦，爲永平元（291）年春三月賈后誅楊駿、夏六月賈后以擅殺罪誅楚王瑋、永康元（300）年夏四月趙王倫矯詔害賈后、秋八月趙王殺淮南王允等四次。這時期政變的特點，是以宮廷鬥爭的方式進行，鬥爭地點局限於首都洛陽，政變後除了首謀被殺外，一般誅連不廣，對國家整體的傷害不大。從291～300的九年間，未再因政變而大赦，顯示政局尙算粗安。及至301年，趙王倫廢惠帝自立，可謂八王之亂的一大轉捩點。

　　趙王倫的篡位，正給予諸王稱兵的機會。其時出鎮許昌的齊王冏傳檄州郡共討趙王，得到鎮鄴的成都王穎及鎮長安的河間王顒起兵響應，稱為「三王起義」。「三王起義」標誌著八王之亂已從洛陽的宮廷鬥爭，轉變為全國性的內戰。諸王從永寧元（301）年至光熙元（306）年之六年間，大動干戈，互相廝殺，造成數十萬人民的傷亡，也瓦解了西晉的統治力量。在這六年間，至少有十二次大赦是因這番混戰而頒佈的，其政局之動盪，概可想見。這十二次，分別是永寧元（301）年四月、太安元（302）年十二月、太安二（303）年九月、十一月、永興元（304）年正月、三月、七月戊戌、七月庚申、八月、冬十一月、冬十二月及光熙元（306）年六月等十二次。

　　統治集團自身的內爭，正好給予各少數民族可乘之機。雍、涼向為氐羌雜居之地，對晉朝的離心力一直很大。自武帝樹機能之亂後，現在又再掀起反晉的叛亂。永平六（296）年八月，正值晉朝忙於內鬥時期，秦、雍氐羌悉叛，推氐帥齊萬年為帝；十月乙未的曲赦雍、涼，便是針對這場叛亂。（以上見《晉書‧惠帝紀》）

　　八王之亂雖於光熙元（306）年暫告一段落，但依然餘波盪漾。當成都王穎與東海王越火併時，雙方都勾引胡戎以打擊對方，司馬越引烏桓、拓跋鮮卑，司馬穎則引匈奴劉淵。永嘉元（307）年秋八月之曲赦幽、并、司、冀、兗、豫等六州，便是因司馬穎餘孽的劉淵、汲桑、石勒等肆虐中原而頒佈。（註二三）司馬越、司馬穎各自勾結胡人相互廝殺，造成胡兵得以馳聘中原，直接引發了五胡亂華的悲劇。

　　懷、愍兩帝的大赦中，有幾次是因災異而赦的例子，相當值得注意。此即永嘉二（308）年正月的日蝕、建興二（314）年

正月的日變、建興三（315）年六月的地震，均給予大赦。因日
蝕而赦的例子，在兩漢比比皆是，但到了三國時代，則不見因日
蝕或任何一項災異而大赦。東晉時代，此類例子，又多了起來。
（以上見《晉書·懷帝愍帝紀》）

三、東晉時期

　　東晉享國百年，凡八十三赦，頻率相當高。其中至少有十三
次是因政治鬥爭而頒佈的，可見政局不穩。局勢的動盪，不得不
歸咎於皇權的衰落，士族的囂張。原來司馬睿得以立國江左，主
要是獲得以瑯琊王氏為首的高門大族的支持。東晉的政治，是司
馬氏皇室與高門大族共治的天下；而士族逼上之勢，在東晉甫建
國時已經出現。

㈠元帝～明帝時期（317～325）

　　元帝在位六年，凡大赦五，其中兩次是在永昌元（322）年
頒佈的，一為正月乙卯，一為四月辛未，四個月內連續兩赦，很
值得注意。《晉書·元帝紀》不載正月大赦的原因，而四月的一
次，則因王敦叛亂，攻入建康所致。

　　據唐許敬宗《文館詞林》卷666，有〈東晉元帝誕皇孫大赦
詔〉一首。詔書中曰：「自陟皇位，迄今五載」、「拯出良人，
以備甲卒」及「月正元日」等。元帝於太興元（318）年即帝位，
「迄今五載」當為永昌元（322）年；「拯出良人，以備甲卒」，
當指太興四（321）年，「免中州良人遭難為揚州諸郡僮客者，
以備征役」一事（《晉書·元帝紀》）；「月正元日」一詞，顯
示下詔日為正月初一。按永昌元（322）年春正月乙卯日，本紀
不書「朔」，然據董作賓《增補二十史朔閏表》，可知是日正為
初一，本紀所記有闕。以上三點，足可證明永昌元（322）年春

正月乙卯朔大赦，正是此次「誕皇孫大赦」。

　　據詔書所記，此次是誕皇嫡孫。據《晉書‧成帝紀》，可知成帝衍是明帝的長子，也就是元帝的「皇嫡孫」。然而，成帝崩於咸康八（342）年，享年廿二歲，回推其出生年，當爲太興四（321）年。永昌元（322）年頒赦時，「皇嫡孫」或正滿足歲（虛歲爲兩歲）。但檢討「誕皇孫」大赦內容，其眞正原因恐是針對王敦。

　　赦詔中提到皇孫事只寥寥數語而已，主要篇幅卻是一再強調中原「頑凶未夷」，正要派遣大軍北伐，一舉掃定中原。北伐中原云云，當是指去年七月，以所括僅奴兵萬人配戴淵鎮合肥，萬人配劉隗鎮淮陰。名義上是爲了要「掃定中原」，其實當然是爲了防備王敦。詔書上強調這點，無非想減輕王敦集團的猜疑，乃藉口「誕皇孫」，頒佈大赦，以軟化王敦之敵意。不過，王敦並沒因此停止部署，反而於元帝頒大赦後的第十三天，便發動攻勢。元帝終於受制王敦，憂鬱而死。

　　明帝在位四年，凡大赦三，赦徒一。其中三次是與皇室喜慶有關，即踐祚、臨朝與立太子等。而太寧二（324）年之大赦，則是因平定王敦。明帝深悉欲平王敦，必需強大武力，而括奴僮爲兵已證明失敗，不可再試。遂透過高平郗鑒的穿針引線，拉攏到流民帥蘇峻、劉遐的協助，成功討平王敦。（註二四）明帝削平王敦後，頗有乘機提高皇權之意。（註二五）例如以南頓王宗及外戚虞胤典禁軍，（《晉書‧外戚虞胤傳》）彌留之際，又以西陽王羕爲輔政七大臣之首。然而士族壟斷政治之勢已成，明帝的努力，在身後便被士族一一瓦解。（以上見《晉書‧明帝紀》）

　　㈡成帝～康帝時期（325～344）

　　成帝在位十八年，凡大赦十一、赦徒二；康帝在位二年，大

赦二。成帝十三赦中，有四次是因嘉禮而赦，這四次分別是太寧三（325）年的踐祚、咸和元（326）年的改元、咸康元（335）年的加元服、咸康二（336）年的立皇后。此外，尚有一次因郊祀而大赦，即咸和八（333）年春正月辛未大赦。（註二六）此為東晉唯一的一次郊祀大赦。

　　此外，有四次大赦是與統治階級內部鬥爭有關。這時期參與鬥爭的勢力，大略可分為兩大陣營。一為代表皇權的力量，其包含皇帝、宗室、外戚及流民帥；另一派則為士族，以庾亮、王導為代表。結果士族聯手將代表皇權的一方逐一消滅。四次政爭大赦，就是在兩大陣營角力下頒佈的。

　　咸和元（326）年之赦百里五歲刑以下，是因庾氏、王氏聯手，誣殺南頓王宗，並藉機將西陽王擠出輔政陣營。咸和二（327）年，蘇峻因不堪庾亮壓迫而反於歷陽。蘇峻矛頭所指，是以庾亮為代表的高門大族。因此，三（328）年二月峻入建康時，司馬氏宗室頗有投靠者，（註二七）這點也可看出宗室與蘇峻間的利害是比較一致的。咸和三（328）年的大赦，就是在峻入建康後所頒佈的。明年，蘇峻為陶侃、溫嶠等聯軍消滅，成帝再度大赦。蘇峻入建康時，焚燒宮闕，咸和八（333）年正月辛亥之赦徒，就是因為新宮落成之故。（以上見《晉書‧成帝紀》）

　　咸和四（329）年後，與士族抗衡之力量已被消滅，自此，士族獨享大權，皇帝成為士族政治的裝飾品。此後的政治，就是士族自身為權力分配而明爭暗鬥。咸和四（329）年至成帝駕崩間的十三年，就是以穎川庾氏與琅琊王氏間的鬥爭來貫穿。尚幸郗鑒從中調停得當，才未釀成災禍。（註二八）此後終成帝之世之大赦，均與政爭無關。

　　咸康六（340）年春三月丁卯大赦，《晉書‧成帝紀》不書

赦因。然《文館詞林》卷670，有〈東晉成帝大赦詔〉一首。詔書有「去年以來，三公頻喪」之語，當指丞相王導、太尉郗鑒及司空庾亮，相繼於咸康五（339）年七月、八月及六（340）年正月謝世一事。因此，頗疑此赦書即咸康六（340）年春三月丁卯的赦書。按此赦詔，可知是次大赦與三重臣去世有關。而此次大赦，正好標誌著庾、王兩大士族間的激烈鬥爭，在主要人物相繼謝世後，漸趨平息。往後四、五年間，庾氏的庾冰、庾翼也先後死去，潁川庾氏勢力驟衰，而朝中缺乏望實相近的大族繼起，因此，各大族間維持了十多年的均勢，直到永和年間譙郡桓溫崛起，這種均勢才被打破。

附帶一提的是，成帝十三赦，若剔除四次因緊急狀況下頒佈的大赦，即太甯三（ 325）年的踐祚大赦、咸和元（326）、三（328）、四（329）年的政爭大赦等四次，則剩下的九次恩赦，一律都在春天頒佈。這或許是基於「賞在春夏，刑是秋冬」的原則。

(三).穆帝～簡文帝時期（344～372）

穆帝在位十七年，凡大赦九，其中有四次分別為踐祚、加元服、立皇后及日蝕等。日蝕大赦，本紀不載。然《文館詞林》卷677有〈東晉穆帝日月薄蝕大赦詔〉一首，詔書有「月正元日」之語，可知下詔日為正月初一。此次除了大赦天下外，尚有賜予鰥寡孤獨不能自存者，人米五斛。考穆帝九次大赦中，能符合這兩項條件者，惟有升平五（361）年春正月戊戌朔大赦。此外，詔書尚書「日月薄蝕，五緯譴度」之語，升平年常有月、五星犯列舍之記載，而升平四（360）年八月，發生日蝕，也符合詔書內容。（以上見《晉書‧穆帝紀》）

永和二（346）年春三月乙丑朔的大赦，也不見於本紀，今

據《文館詞林》補。按《文館詞林》卷669，有〈東晉穆帝誅路永等大赦詔〉一首，詔中有「其大赦天下，以永和二年三月一日昧爽以前，自殊死以下，皆赦除之」之句，按照赦詔書法永和二（346）年三月一日（乙丑），當即頒佈詔書之日。

考路永原為蘇峻黨羽，慮峻事敗連己，遂投靠王導，王導亦鑒於自王敦死後，王氏缺乏武力，於是不顧溫嶠的勸諫，收編路永等降將。咸康元（335）年，在王導攻奪豫州的軍事行動中，路永是率軍戍守牛渚的一支。建元元（343）年七月，庾翼謀北伐時，曾請路永出屯合肥。建元元（343）年八月，路永叛投石虎，其時永為東晉豫州刺史。石虎馬上率路永寇壽春。（註二九）路永以後的事蹟，不見史傳。然上引詔書中有「至今路永背叛，干瓚縱害，戴義等敢肆凶愍，雖伏辜戮，豈不惜怛」之句，顯然在永和二（346）年三月乙丑下詔之日，路永等已經伏誅。《文館詞林》這條史料，可補正史之闕。

哀帝在位三年，凡五赦。其中有四次嘉禮赦，分別是踐祚（升平五（361）年五月）及皇子生（興寧元（363）年九月），兩次是改元（隆和元（362）年正月、興寧元（363）年二月）。另一次是因旱災（隆和元（362）年四月）。（《晉書‧哀帝紀》）海西公在位七年，凡大赦三、曲赦一。太和元（366）年的曲赦益，是因興寧三（365）年十月，梁州刺史司馬勳反，並率眾圍成都，亂事在第二年的五月平定。三次大赦，除了一次是因踐祚（興寧三（365）年二月），一次赦因不詳（太和六（371）年四月）外，剩下一次是因日蝕（太和三（368）年三月）。（以下見《晉書‧海西公紀》）海西公日蝕大赦詔，尚見《文館詞林》卷667。簡文帝在位僅一年，只有踐祚大赦一次，此篇赦詔，也見《文館詞林》卷668。穆帝、哀帝及海西公，都各有一次因災異

而赦的紀錄，及至孝武帝時，因災異而赦的次數更多。

　　穆帝、哀帝在位期間，為東晉承平之日，然而，在一片平和的表象下，卻是暗潮洶湧，因為一股新的勢力在迅速竄昇，那就是譙郡桓溫的崛起了。桓溫約在太和四（369）年前後，兼督荊、揚，集東晉兩大軍鎮於一身。溫本欲建功河朔，然後還受九錫，孰料枋頭慘敗，望實俱損，只好行廢立以樹威。海西公遂被廢於先，簡文帝亦憂死於後。孝武帝踐祚不久，桓溫便欲篡位自立，尚幸王坦之、謝安努力周旋，晉室才得再延五十年國祚。

㈣孝武帝～恭帝時期（372～420）

　　孝武帝在位廿年，凡大赦十七，赦徒二，肆赦的頻率相當高。總計因皇室喜慶而赦有四次，分別為咸安二（372）年七月的踐祚、甯康三（375）年八月的立后、太元元（376）年正月的加元服、太元十二（387）年八月的立太子等。因為災異而赦的有七次，比例相當高，分別為太元元（376）年五月的地震、太元五（380）年四月的大旱、太元五（380）年六月的荒儉、太元八（383）年三月的大水、太元九（384）年十月的日蝕、太元十二（387）年正月的玄象告譴、太元十五（390）年三月的地震等。其餘的八次中，有六次原因不詳，但其中有四次是在春天頒佈的。剩下一次是因太元八（383）年十二月，晉軍大敗符堅於淮淝而頒佈的。（以上見《晉書・孝武帝紀》）淝水大捷，除決定晉室存亡以外，尚可視為東晉內部政治的一大轉捩點。

　　淝水大捷後，謝安「以父子皆著大勳，恐為朝廷所疑。」又正值孝武引用同母弟司馬道子，安遂出鎮廣陵以避之。（《晉書・謝安傳》）在謝氏退讓的有利情勢下，孝武帝銳意擴張皇權，除引道子為錄尚書事外，並進用太原王氏為羽翼，結果，成功的把政權收回皇帝手中，實開東晉立國以來所未有之局面。

　　然而不久，孝武與道子之間，漸生嫌隙，道子結援王國寶、王緒等，孝武亦以王恭爲徐、兗刺史，統領晉朝勁旅北府兵，又出殷仲堪爲荊州刺史，圖以上下游兵箝制道子，孝武帝死前十多年的內部矛盾，主要就是這種主相間的傾軋。孝武帝於太元二十一（396）年駕崩，但徐、兗及荊、楚敵視司馬道子之態度並未稍息，孝武佈置以制衡道子的上下游武力，終爲晉朝最後廿多年，帶來連串紛爭。

　　安帝自太元二一（396）年踐祚，至義熙十四（318）年駕崩，凡在位二二年，其中大赦十八、曲赦一。而這十九赦中，有八次是因統治階層內部的鬥爭而頒佈的，其時政治情勢之混亂，可以想見，隆安元（397）年四月之大赦，是因王恭舉兵討道子之側近王國寶。元興元（402）年四月及十二月的大赦，分別是荊州的桓玄誅殺司馬元顯及道子後所頒佈的。（註三〇）桓玄誅司馬道子父子後，控制朝廷，不旋踵篡位稱帝。元興三（404）年三月、五月以及義熙元（405）年正月的大赦，就是在劉裕討伐桓玄及消滅桓氏勢力後頒佈的。

　　劉裕原爲北府中下級將領，其領導之反桓玄集團，也是以北府舊將，如何無忌、諸葛長民、劉毅等人爲骨幹。桓玄被消滅後，劉裕與劉毅間漸成水火，義熙八（412）年之大赦，就是劉裕在出兵討伐劉毅前，矯詔頒佈的。劉裕在消滅劉毅後，權傾朝野，引起司馬宗室的猜疑，義熙十一（415）年正月，荊州刺史宗室司馬休之以及雍州刺史魯宗之反。劉裕遂於朝廷庚午大赦後，自表西伐。

　　除了因爲政治鬥爭而大赦外，義熙年間尚有三次大赦是跟北伐有關的。這三次分別是義熙十二（416）年八月出兵伐姚泓、十三（417）年七月平定姚泓以及義熙十四（418）年正月的平

賊。按《文館詞林》卷699有〈東晉安帝平洛陽大赦詔〉、〈東晉安帝平姚泓大赦詔〉及〈東晉安帝平賊大赦詔〉等三篇赦書。

　　據《晉書・安帝紀》，可知劉裕平洛陽是在義熙十二（416）年冬十月丙寅，若因平洛陽有赦，當在十月丙寅之後，而〈東晉安帝平洛陽大赦詔〉，有「王師薄伐，振曜威靈，將灑滌函夏，掃清五陵」之語，考「掃清五陵」當指義熙十二（416）年十月己丑，安帝遣兼司空、高密王恢之修謁五陵一事。據詔書所言，似乎司馬恢之還未被遣，故疑此詔為義熙十二（416）年十月丙寅至己丑之間頒佈。至於義熙十三（417）年七月的大赦，本紀失載　。現據〈東晉安帝平姚泓大赦詔〉，可知東晉在執姚泓後，曾頒佈大赦，遂姑且繫於姚泓被執的義熙十三（417）年七月。而〈東晉安帝平賊大赦詔〉，主要是在慶賀內外清肅，遂有「華畿振四維之網，荊吳絕梟鴉之饗」之語，應指姚泓伏誅，桓玄及徐道覆等相繼授首。因此，疑即義熙十四（418）年正月。（以上見《晉書・安帝紀》）

　　附帶一提的是，桓溫也曾在永和十（354）年、十二（356）年及太和四（369）年，三度北伐。永和十二（356）年的一次，更是廓清河洛、恢復舊京，然朝廷並沒為此頒佈大赦以與兆庶同慶，也不曾作片言慶賀之辭。現今朝廷竟為劉裕之北伐三度大赦，何以二者所受待遇判若雲泥？個人以為這與二人對建康朝廷的控制力不同有關。

　　桓溫北伐及收復洛陽時，徐、豫等軍區，尚為建康政府牢牢掌握，中央尚可抵制桓溫，使其無法為所欲為，彼此仍然維持一定的均勢。而朝廷也知道桓溫的野心，因此對桓溫的北伐，只是視作強藩欲樹立個人威望的行動，而不當作國家的光復大業。對其防制唯恐不及，自然不會因為桓溫北伐有成，而頒佈大赦等慶

典了。反觀劉裕，當在消滅桓玄勢力後，其對建康政權的影響力，已經不是當年桓溫收復洛陽時，可以比擬。及後破滅劉毅，逐走司馬休之時，建康政府已屬囊中之物。因此，自然可以頤使朝廷重視其北伐功業了。有時候從朝廷爲何大赦，可以發現一些問題，相反的，有時候從朝廷爲何不赦，也可以看出一些有趣的現象。桓溫及劉裕的北伐正是如此。

四、結　論

綜觀前文，可歸納出以下幾點結論：

一、兩晉享國一百五十多年，總計頒佈大赦一百廿一、曲赦十二、赦徒七，合共肆赦一百四十次，數量及頻率都相當驚人。（參看附表二三）此外，兩晉時期的恩赦中，只單純的剩下「赦」一項，既沒有減等，也沒有贖罪。在拙稿第一章第三節中，曾經指出兩漢的恩赦中，減等、贖罪所佔比例頗高，爰及三國，「減等」已不復再見；「贖罪」方面，除魏明帝太和四（230）年十月曾頒令「罪非殊死聽贖各有差」一次外，基本上也消失了。（《三國志・魏書・明帝紀》）及至兩晉，這類臨時性、全國性的贖罪，竟連一次都沒有。恩赦已變得單純化了。

二、三國時期，只有一次「赦五歲刑以下」的記載，但兩晉頒佈「赦五歲刑以下」，卻有九次之多。「赦五歲刑以下」，也就是「赦刑徒以下」。以刑期長短來區分徒刑的輕重，是律令進步的表現，這方面已見前述。除此以外，經常針對刑徒而赦，也顯示出政府對刑徒的勞動力，有愈來愈不倚賴的趨勢。再加上兩晉不復再見臨時性、全國性的贖刑，更顯出對刑徒的勞動力，已不再重視了。（註三一）對刑徒勞動力的重視與否，正是兩漢與魏晉相異之處。關於大赦與刑徒勞動力的關係，將在另章作進一

步討論。

　　三、就季節性分佈而言，兩漢共大赦了一百四十多次，只有四次不是在正月至六月發生的，其季節性分佈顯而易見。三國兩晉的情況又是如何呢？在討論皇帝是否不時而赦，應注意到有些恩赦是在突發狀況下頒佈的，由於是突發狀況，所以，不大可能考慮到「賞在春夏、刑在秋冬」一類的原則，故應將諸如踐祚及政爭而頒佈的赦宥，予以剔除。因此，曹魏得廿三例，蜀漢得十一例，孫吳得廿八例，曹魏只有56％、蜀漢只有36％、孫吳只有39％的赦宥是在春夏頒佈，與兩漢的情況大異。兩晉的情形，是否也有同樣的傾向呢？

　　西晉共有恩赦五十六次，若將五次踐祚赦及十三次政爭赦剔除，則可得卅八例，春天頒佈的十五次、夏天頒佈的有十次、秋天頒佈的有六次、冬天頒佈的有七次，春夏所佔比例是66％。至於東晉方面，若把十二次踐祚大赦（包括司馬睿在317年即晉王位大赦），以及十三次政爭大赦剔除，可得58宗個案，從附表三可以看到，在春天頒佈的有36次、夏天的有6次、秋天有12次、冬天有4次。春夏所佔比例高達72％，可見東晉恩赦主要還是集中在春夏兩季。其中成帝時期，剔除緊急狀況頒佈的大赦後，其餘九次大赦，都在春天頒佈；同樣地，穆帝剩下的八赦，就有七次在春夏頒佈。另外，東晉十九次不詳原因的大赦中，仍有十三次是在春夏兩季頒佈的。有關赦與季節之關係，將在另章作進一步的討論。

　　四、兩晉一百多赦中，因嘉禮而赦有四十六次，約佔33％，比例甚高，其中以踐祚大赦最多，共十五次。踐祚必赦的傳統，從三國固定下來，以後各朝均沿襲下去。另外，東晉有四次大赦是因皇帝「加元服」而頒佈的。

　　所謂「加元服」，就是皇帝在年滿十五歲時的冠禮。元服禮首見於西漢，漢代曾加元服的皇帝有惠帝、昭帝、和帝、安帝、順帝、桓帝和靈帝。（各見諸帝本紀）皇帝加元服象徵已是成人，可以結婚生子了。因為元服禮含有人生已進入新階段的意義，因此，加元服的日子，也必需具有「新」的含意。職是之故，兩漢加元服多在甲子日，例如，惠帝在四（前191）年三月甲子、和帝在永元三（91）年春正月甲子、桓帝在建和二（148）年春正月甲子、靈帝在建寧四（171）年春正月甲子等。（註三二）（各見諸帝本紀）按甲為十天干之首，子為十二地支之首，均含有開始的意義。

　　爰及兩晉，「加元服」必在正月初一，例如，成帝在咸康元（335）年春正月庚午朔、穆帝在升平元（357）年春正月壬戌朔、孝武帝在太元元（376）年春正月壬寅朔、安帝在隆安元（397）年春正月己亥朔等，一律都在正月初一。這種安排，當然也是因為正月初一，就是新的一年的第一天，具有新的開始的意義。

　　由於「加元服」具有新開始的意義，因此，除了「加元服」的日子會刻意選擇之外，皇帝還會配合別的措施，象徵除舊佈新。東晉諸帝在加元服後，一定更換新的年號，例如成帝改咸和為咸康、穆帝改永和為升平、孝武帝改甯康為太元、安帝改太元為隆安等。除了改元外，也一定頒佈大赦，釋放罪犯，以與天下更始，讓全國都與皇帝一起進入一個新的階段。大赦與更始之關係，將於另章再作進一步討論。

　　順帶一提，四個皇帝曾經加元服，顯示其均為沖齡繼位，成帝登基時只有六歲、穆帝即位時不過二歲、孝武帝踐祚時只有十一歲、安帝紹統時也只有十四歲。皇帝幼年即位，對於外戚強臣

的干政，提供了有利的環境。史稱成帝「少爲舅氏（即庾氏）所制，不親庶政。」（《晉書・成帝紀》）而除了庾亮以外，褚裒也以外戚輔政。當然，東晉門閥士族的囂張跋扈，並不能完全歸咎於皇帝沖齡即位，但國無長君，總是提供了一些有利的環境。

五、兩晉因吉禮而赦的情況很少，只有六次，主要以武帝因藉田禮，及惠帝、成帝因郊祀而赦等三次較重要。然而，據《晉書》卷76〈王彪之傳〉云：

> （穆帝）時當南郊，簡文帝爲撫軍，執政，訪彪之應有赦不。答曰：「中興以來，郊祀往往有赦，愚意嘗謂非宜。何者？黎庶不達其意，將謂郊祀必赦，至此時，凶愚之輩復生心於僥倖矣。」遂從之。

據王彪之所言，似乎東晉經常因郊祀而赦，但這些大赦卻不見於史傳；而穆帝這次南郊，也不見於〈穆帝紀〉及〈禮志上〉，可見有晉郊祀之事，《晉書》失載甚多。

六、相對於三國時代，兩晉因災異而赦的次數，有明顯上昇的趨勢。三國時代，不管魏、蜀、吳，都沒有因任何一項災異而頒佈大赦的記錄。爰及西晉，太康五（284）年十二月，便因「三辰謫見」而大赦，這是兩晉首次因災異而赦。此後以迄晉亡，類似因災異而大赦之例子，尙有十七次之多，幾乎每一個皇帝，都曾因災異而大赦天下，其中當以孝武帝時最多，共有七次。皇帝因星體異象或自然災害，而感到需要自我檢討，反省自己是否德行有虧。可見災異對於皇權具有一定的制衡作用。東晉皇帝爲災異而赦的次數甚多，正好顯示東晉皇權不振。

七、兩晉一百四十次赦中，因統治階級內部政治鬥爭而頒佈的大赦，共有三十次之多，所佔比例甚高。其中西晉佔十七次，東晉佔十三次。不過，雖然同樣是因政爭而赦，西晉與東晉的政

治鬥爭，畢竟各具不同之特點。

西晉的政治鬥爭，主要是賈后之亂及八王之亂，都是由皇室中人所發動的，這些鬥爭中，皇室是主角，其他的高門大族，並不佔最重要的地位。相對於東晉，西晉的皇權無疑是高得多了。發動政變者，往往都需要「奉敕」、「矯詔」、「執驂虞幡」或「奉帝出征」等，爭取掌握皇帝或代表皇權的象徵，而鬥爭的成敗，經常繫於是否能掌握到皇帝或代表皇權的象徵，而鬥爭的成敗，經常繫於是否能掌握到皇帝或其象徵。可見皇帝扮演著舉足輕重的地位。（註三三）

反觀東晉就不一樣了。由於皇帝是受士族擁戴才得以立足江東，所以，皇權在一開始就不大高。元帝一度想裁抑高門，但終為琅琊王氏所制。明帝雖一度稍振皇權，但在身後，士族就聯手將明帝佈置的勢力一一撲殺。東晉立國之始，政變的主角就是高門大族。及至咸和四年以後，發動並參與政治角力的全部都是士族，皇帝只是配角，根本不佔重要地位。

士族宰制朝政的局面，維持到孝武帝時漸漸轉變。正如前述，孝武帝時期，皇權為東晉以來最高者。及至主相失和後，太原王氏雖曾權重一時，但其之所以權重，是因為依附於孝武或道子之故。士族獨專朝政之局面，已一去不返了。東晉最後二、三十年政局的混亂，表面是孝武帝與司馬道子主相間的鬥爭所引起，但實際上，這段期間的動亂，與一股新興力量的崛起，有著莫大的關係。五、六世紀之交，除看到東晉政權將被取代以外，也可看到新的時代也逐漸來臨。

在東晉最後的廿多年中，可以看到一些以往遭高門大族排斥、壓抑、鄙視的人，慢慢由下往上衝突，逐漸走到歷史舞台的前端，由於這些人的運動，造成晉末局勢極不穩定。這些人的踪跡隨處

可見，楊佺期、劉牢之、劉裕等，是其中比較突出的。楊佺期雖為弘農楊氏，中原大族，然因晚過江，婚宦失類，為人所排抑；劉牢之則出身寒門將領。東晉末年，二人都曾一度翻雲覆雨，雖為代表高門大族勢力的桓玄所吞併，但桓玄最終為另一寒門武將劉裕所消滅。

此外，孫恩、盧循糾合了一直為北來大族壓迫的江南土著豪族、破產農民以及土著民族，起而叛亂。孫恩軍隊蹂躪東土，大肆屠殺以王、謝為首的北來士族，摧毀北來士族東土的莊園。劉裕打擊高門於中央，孫、盧蹂躪高門於地方，這兩支部隊聯手給予高門大族重大的打擊。最後，寒門武將出身的劉裕，憑著赤裸裸的武力，終於躍登政治的最高層。公元420年，劉裕篡位自立，建立劉宋政權，開啟了一個新的時代。（註三四）

第三節　南朝時期（420～589）

一、問題所在

公元420年，北府將領劉裕篡晉，建立宋朝。劉宋共歷五十九年，在479年為權臣蘭陵蕭道成所篡奪。道成所建的蕭齊，只享祚二十三年，在502年為疏宗蕭衍所篡。蕭衍建立的蕭梁，共歷五十五年。557年，土著豪強陳霸先篡梁，建立陳朝。陳朝共享國三十二年，在公元589年，為北方的隋軍所覆亡。自420年劉裕建宋，至589年隋軍滅陳之間的一百七十年，史稱「南朝時期」。

南朝一百七十年間，共產生了四個王朝，廿三個皇帝。政局不穩、君主荒淫、政治腐敗為這個時期的背景。（註三五）另外，

自宋武帝劉裕開始，南朝開國君主均非出自王、謝、司馬氏等高門大族，彼等爲行伍出身，憑著赤裸裸的武力建國。由於出身將領，手握精兵，因此，南朝皇帝在軍事上並不依賴士族，反而可憑藉強大武力鎭儡士族，故能一改東晉士族掌兵，皇帝對軍隊無力直接駕馭的局面。（註三六）荊州、京口均屬形勝要地（註三七），揚州更是根本所在，南朝諸帝大體上都掌握這些軍事重鎭，一直到蕭梁時期，這些軍鎭的刺史均由皇子或宗室輪番出掌。如此，改變了東晉時士族掌握兵權，以及控制京、揚、南徐等重鎭，使皇帝常爲士族所逼的局面。南朝皇帝因爲掌握軍權以及重鎭，所以皇權相對也遠大於東晉諸帝。皇權的高漲，是爲南朝政治迥異於東晉政治之處。

世家大族既失去兵權，又不能再控制荊、揚等重要地區，政治上的力量遂因而遞減。另一方面，皇權高張的副產品，就是宗室勢力的膨脹。宗室諸王，如《晉書·八王傳》序所說的「或出擁旄節，蒞嶽牧之榮；入踐台階，居端揆之重」的情況，可說是普遍存在於整個南朝。士族勢力衰減，宗室勢力膨脹，正是皇權高張下的產物。

在這個新時代裡，赦制有甚麼發展？南朝政治黑暗，朝代更替頻繁，赦制又呈現怎樣的情況？南朝既然是皇權高張的時代，具有宣示皇權意義的恩赦，又具有那些特色呢？門閥政治時代的過去，是否可以在赦制的發展中看到一些端倪？這些都將在本節中稍作檢討。

二、劉宋時期

㈠．武帝～文帝時期（420～453）

宋武帝劉裕篡晉自立，在位僅三年，凡七赦。（參看附表四）

其中五赦是因嘉禮、吉禮等皇室禮儀。永初元（420）年的四赦，均是與嘉禮有關，夏六月的是踐祚大赦，接著七月丁亥及八月辛酉的赦宥，都可視作踐祚大赦的後續措施。八月乙亥的「赦見刑罪無輕重」，則是由於立長子義符爲皇太子。永初二（421）年春正月的大赦，是由於武帝祀南郊之故。皇帝南郊大赦，在武帝以後經常可見。（以上見《宋書·武帝紀》）

　　武帝於永初三（422）年崩，少帝義符繼位，以傅亮、徐羨之、謝晦等輔政。少帝聯合二弟廬陵王義眞，欲除輔政之逼，不料傅亮等欲久專朝柄，遂先發制人，廢殺廬陵王及少帝。（註三八）景平二（423）年夏五月之「赦死罪以下」，正是少帝被廢後，輔政大臣所頒。傅亮等廢殺幼主，更立宜都王義隆爲帝，似乎象徵著門閥士族又再度重溫東晉時代擺弄人君，操控朝政的日子。然而，劉義隆登基不過三年，便將徐羨之等一一撲殺，這在下文再論述。

　　文帝劉義隆在位三十年，佔劉宋五九年國祚的一半以上，是在位最長的皇帝。文帝凡大赦十八、曲赦四、赦徒二，共二四赦。（見附表四）廿四次恩赦中，有三次因嘉禮而赦，一爲元嘉元（424）年秋八之踐祚、一爲六（429）年三月的立皇太子、一爲十六（439）年十二月皇太子行冠禮等三次。因吉禮而赦宥七次，分別是元嘉二（425）年、十四（437）年的南郊、二十一年及二十二年的藉田；另外三次則是因謁陵，其中元嘉四（427）年、二六（449）年等兩次是謁京陵；元嘉十（433）年則是謁拜初寧陵。

　　按「京陵」的「京」，是指京口，而不是建康。（註三九）劉裕雖自稱彭城人，然過江寓居丹徒京口里已歷數世，故京口實桑梓舊地。裕父孝皇帝劉翹及二母孝穆皇后、孝懿皇后，均葬於

京口，二后之陵號曰興寧陵。武帝的胡婕妤、臧皇后亦歸葬丹徒。（《宋書‧后妃傳》）文帝謁京陵，當爲拜謁這些祖先的陵墓。京口除負起建康北門防禦以外，文帝的羽林衛隊成員也多來自京口，故文帝相當重視京口的戶口是否殷實。（註四〇）文帝兩巡京口，除了謁陵祭祖以外，應當還有巡視江防要塞的用意存在。

《文館詞林》卷665有〈宋文帝拜謁山陵赦詔〉一首，詔中有「自奉禘嘗，十載於今」之句，可見時爲元嘉十（433）年，而本紀所載元嘉十（433）年春正月己未大赦，未書赦因，疑即是次謁陵大赦。從這首赦詔主要在稱頌武帝功業來看，可以推測此次是拜謁武帝的初寧陵。

文帝朝有七次因軍禮而赦，其中四次是因外患，三次是因政爭而頒佈的。這四次因外患寇邊而頒佈的赦宥，其中兩次是因仇池氏楊難當寇邊，兩次是因北魏大舉南犯。

元嘉十（433）年秋七月戊戌的曲赦益、梁、秦三州，是由於粗定益州亂事。這次益州動亂，是有仇池氏在暗中支持的。益州亂事雖平，但仇池氏的擴張並未稍息。元嘉十（433）年冬十月，楊難當突襲漢川，據有梁州。但不久仇池軍爲蕭思話及裴方明所擊退，十一（434）年四月，難當上表謝罪，又再度歸順劉宋。五月丁卯，宋室曲赦被仇池寇亂之地區。（註四一）

相對於北魏的入侵，仇池的寇邊只是癬疥之患而已。元嘉二十七（450）年七月，文帝遣王玄謨率軍北伐，一路進至滑台，但在九月爲魏太武帝親率大軍擊退，太武帝順勢南犯，十一月，魏軍至鄒山，進圍彭城，建康震動。文帝遂頒佈大赦。十二月，魏軍於盱眙渡淮，並聲言渡江，繼而見無隙可乘，遂於二十八（451）年二月，大略民戶，並焚燒邑屋而去。總計魏軍凡破南兗、徐、兗、豫、青、冀六州，殺略不可稱計。此役對劉宋打擊甚鉅，

史稱「自江、淮至於清、濟，戶口數十萬，自免湖澤者，百不一焉。村井空荒，無復鳴雞吠犬。」（《宋書・索虜傳》）同年十一月，文帝就曲赦這些被戰火蹂躪的地區。

　　文帝朝的三次政爭大赦，分別是元嘉三（426）年的誅滅徐羨之等、十三（436）年之誅檀道濟、十七（440）年之誅劉湛等。

　　前文曾提到徐羨之等欲久專朝政，遂廢殺少帝，另立文帝。文帝甫即位，就以心腹到彥之爲中領軍，掌管羽林禁衞，保障皇帝安危，以防少帝之事重演。經過三年整頓，已有羽林選士果勁二萬。文帝憑著這支武力，遂輕易撲殺朝中的徐羨之等。元嘉三（426）年的大赦，就在誅徐羨之後，出兵討伐荊州謝晦時頒佈的。此外，文帝又爭取到檀道濟的歸順，遂使謝晦望風潰散。少帝即位至文帝元嘉三（426）年的五年間，可說是門閥士族勢力的迴光返照，士族一度宰制朝廷，播弄人主，然而，士族政治勢力的消退，皇帝權力的強固這一趨勢，是不能遏止的，文帝穩健的部署，終使已經確立的皇權進一步的鞏固。

　　隨著皇權的鞏固，文帝對宗室也寵信有加，其中以四弟義康最得鍾愛，時又值文帝長期臥病，義康遂得以權傾天下，漸有覬覦皇位之心。宿將檀道濟自從歸順文帝，討平謝晦後，一直任江州刺史。元嘉十三（436）年，文帝正爲久疾所困，義康慮道濟盛名，恐一旦宮車晏駕，道濟難制，遂藉道濟入朝而誅之，事後大赦。

　　文帝與義康主相間的鬥爭，約在元嘉十六（439）年進入白熱化階段。其時負責禁衞的領軍將軍劉湛，正是義康死黨。文帝以禁衞不可靠，遂藉太子劭出居新宮，加東宮實甲萬人，以備義康。（註四二）頗疑十六（439）年十二月己亥的太子冠大赦，可

能也是針對義康而頒佈的。十六（439）年五月，劉湛丁母憂去職，正好給予文帝發動攻勢的大好機會。十七（440）年十月，文帝佈置就緒，一舉剷除劉湛及其黨羽，並將義康貶至江州，事後大赦。

　　文帝雖整肅義康，但其寵遇宗室的政策並沒改變，宗室或領大鎮，或入居端揆。不過，文帝畢竟是強有力的君主，終文帝之世，宗室或強鎮的叛變不復再見。文帝擴充東宮衛隊以備義康，然而，文帝萬料不到這支部隊竟會變生肘腋。元嘉三十（453）年二月，太子劭發動政變，弒父自立。其時正討伐緣江蠻的文帝第三子劉駿，憑著雍州強兵，誅除劉劭而奪得皇位，史稱孝武帝。（以上見《宋書・文帝紀》）

㈡孝武帝～順帝時期（453～478）

　　孝武帝在位僅十年，卻曾廿一赦，分別爲大赦十三、曲赦四、別赦四。平均一年兩赦，頻率甚高。

　　孝武帝有九次因吉禮而赦，其中一次是南郊，兩次是行藉田禮，一次幸明堂，四次巡幸及一次國哀除釋。劉宋皇帝似乎頗有郊祀的傳統，且多在踐祚後不久就進行，如武帝、文帝、孝武帝都在即位後的第二年舉行。至於兩次的藉田禮，一次在大明四（460）年正月舉行，另一次則不見於正史，根據《文館詞林》補上。

　　根據《文館詞林》卷665有〈宋孝武帝躬耕千畝大赦詔〉及〈宋孝武帝藉田大赦詔〉等兩首，但《宋書・孝武帝紀》只載孝武大明四（460）年正月耕藉田一次而已。按〈宋孝武帝躬耕千畝大赦詔〉中，有「肅慎楛矢，浮溟來獻；西極珍驥，涉沙入貢」之句，當指大明三（459）年十一月，肅慎國獻楛矢、石砮以及西域獻舞馬之事。因此，推測此篇赦書當爲大明四（460）年耕

藉田之赦書。至於〈宋孝武帝藉田大赦詔〉，由於本紀無孝武再行藉田禮之記載，而從赦書內容，也暫時無法判斷此次藉田大赦之時間，但就《文館詞林》詔書的安排方法，此次藉田禮當晚於大明四（460）年的藉田禮。

　　史稱孝武帝「遊幸無度」，（註四三）在大明四（460）年至七（463）年間，孝武頻頻出遊，其範圍主要在首都附近郡縣，如大明四（460）年十二月幸建康縣、五（461）年九月幸琅邪、七（463）年二月及十月兩幸南豫州、十二月行幸歷陽等。《文館詞林》卷666，有〈宋孝武帝巡幸曲赦南徐州詔〉一首，按《宋書・孝武帝紀》，沒有孝武帝巡幸南徐州的記載，恐怕是史有闕文所致。

　　前文曾提到文帝首創謁陵大赦，孝武帝也另創講武、春蒐大赦。大明五（461）年二月孝武帝講武，於是原降有罪；大明七（463）年二月孝武校獵於歷陽，於是遂有春蒐大赦。

　　劉宋屠戮宗室之慘，為前史所僅見，其事始於文帝的廢殺義康，而轉烈於孝武之世。孝武為人猜忌易憚，對具實力的宗室諸王刻意誅鋤，諸王為求自保或野心之故，往往舉兵反叛。孝武之世有四次恩赦，就是與宗室謀反有關。

　　孝武甫即位，欲內調荊州刺史叔父義宣為丞相、揚州刺史，義宣不欲內調，遂聯臧質等反。據《宋書・孝武帝紀》云：

　　　（孝建元年）二月庚午，豫州刺史魯爽、車騎將軍江州刺
　　　史臧質、丞相荊州刺史南郡王義宣、兗州刺史徐遺寶舉兵
　　　反。

這段記載容易造成讀書混淆，其實此時義宣仍未舉兵，據《宋書・南郡王義宣傳》，義宣反於二月二十六日，二月庚午（即初三）時，只魯爽一人率先反叛，從二月壬年（十五日）孝武只曲赦豫

州一點來看，可知其時只有豫州一地舉兵而已。不旋踵義宣、臧質、徐遺寶陸續跟進，一時荊、江、兗、豫同反，聲震天下。然不出一年，亂事即被平定，亂後大赦。

另一次政爭大赦是大明三（459）年秋七月的誅竟陵王誕大赦。誕為孝武六弟，平義宣亂事有功，然為孝武猜忌，出鎮廣陵，最後於大明三（459）年四月被孝武帝逼反，七月為沈慶之、宗越等平定。亂後大赦。除此以外，大明五（461）年七月的曲赦雍州，當是由於宗室休茂在四月時據雍州叛亂，亂事旋為義成太守薛繼考平定。（以上參看《宋書‧孝武帝紀》）

孝武帝於大明八（464）年閏五月崩，子前廢帝繼立。前廢帝在位僅二年，竟大赦了三次、曲赦了二次。其中的三次因嘉禮而赦：大明八（464）年閏五月的踐祚、景和元（465）年十一月壬寅的立皇后以及丁未的皇子生等三次。值得注意的是景和元（465）年十月癸亥的曲赦徐州，是因為討平徐州刺史宗室劉昶之亂。前廢帝在位時，對朝中重臣及劉氏宗族屠戮甚慘，對諸叔尤其猜疑，劉昶就是被其逼反。廢帝終為叔父彧及休仁聯帝左右壽寂之所弒。劉彧被擁立，史稱明帝。

明帝在位七年，共赦了十八次，其中大赦七、曲赦十、減等一。明帝之世，赦宥頻繁，主要是因亂事四起所致。其中有十次赦宥，是因「子勛之亂」而引起的。

明帝以叔父之尊殺前廢帝自立，其時鎮尋陽的江州刺史晉安王子勛（孝武第三子），由長史鄧琬擁立為帝，反抗建康政權。子勛的起兵，馬上得到全國各地的響應。明帝只好對起事地區，一一給予曲赦。泰始二（466）年以前的赦宥，大抵都是這種背景下頒佈的。子勛之亂所以會迅間蔓延全國，主要是因各地豪族土豪，欲藉機突破破封鎖性、排他性的門閥貴族體制有關。在亂

事中，不管是子勛一方，或是明帝一方，豪族土豪均扮演重要的角色。（註四四）

　　亂事蔓延雖迅速，但很快被剿平。泰始二（466）年秋九月的大赦，就是因子勛集團已大抵被消滅。但是，明帝沒有在平子勛後，順勢赦免豫州刺史薛安都等，致使薛等據地北降拓跋魏。泰始三（467）年正月之曲赦豫、南豫，就是因此而降，可惜爲時已晚。魏軍藉機南寇汝陰，明帝遂曲赦青、冀。北魏趁宋室內鬥，一舉奪取青、冀、兗、徐等淮北四州，明帝自然不會甘心，遂在同年八月，強令沈攸之北攻彭城，同時大赦天下。沈攸之敗後，明帝只得僑立兗州於淮陰，徐州於鍾離，青、冀二州於鬱州。《宋書・州郡志》不載僑置四州的確實時間，然以明帝在秋九月甲子曲赦此四州來看，可知至遲在九月，已完成僑置四州事宜。

　　明帝生性猜忌，不遜於孝武，其對宗室的屠戮，則更在孝武之上。子勛之亂後，孝武諸子被殺殆盡。甚至連文帝諸子亦難逃毒手，終明帝之世，只剩下休範一人倖存而已。明帝大肆誅殺重臣宗戚，以爲可以長治久安，孰料一番殘殺，不啻是爲權臣蕭道成的篡位廓清朝野罷了。

　　後廢帝在位六年，凡大赦七，順帝在位二年，凡大赦二、曲赦一、減等一。除去一般性的嘉禮赦，如踐祚、加元服、立皇后以外，這段期間的十一次赦宥中，有六次赦宥是與政爭有關。前三次是與宗室叛亂有關，其中一次大赦是因元徽元（473）年五月江州桂陽王休範之亂，兩次是因元徽四（476）年七月南徐州的建平王景素之亂所導致。平景素之亂大赦，正標示著劉宋宗室力量已被皇帝誅鋤殆盡，往後十年的政爭赦事，已與宗室無涉了。元徽五（477）年四月，後廢帝的腹心阮佃夫謀弒帝，事泄被誅。六月，後廢帝大舉整肅佃夫黨羽，先後誅沈勃、杜幼文等。六月

的大赦。就是在這種背景下頒佈的。

蕭道成在平休範之亂後，乘時竄起，但爲後廢帝所忌，致惶惶不可終日。元徽五（477）年七月七日，宋帝爲道成黨王敬則所弒，道成另立順帝。順帝時期的兩次政爭赦，都是因爲道成蕭清殘餘的反抗勢力而頒佈的。昇明元（477）年十二月大赦，是因誅滅響應荊州刺史沈攸之叛亂的司徒袁粲；二（478）年二月之曲赦荊州，則是因平定沈攸之之亂。這兩次赦宥，正標示道成已徹底蕭清殘存於中央及地方的反抗勢力了。道成遂於昇明三（479）年四月，篡宋自立，建國號齊，史稱齊高帝。

三、蕭齊時期

㈠高、武時期（479～493）

齊高帝在位四年，凡大赦四、曲赦三、別赦一、降等一，共有九次赦宥。武帝在位十二年，凡大赦五、曲赦四、申赦恩二、減等三、別赦二，共有十六次赦宥。二帝在位共十五年，共計恩赦廿五次。高、武之世，爲南齊政局較穩定之時期，故從〈附表十一〉可見此時的赦宥時機，主要爲吉禮、嘉禮及災異，而並非如末期主要爲遇亂。

此時的禮儀赦宥中，吉禮所佔比例較高，共有六次，不過都是在武帝時期。吉禮赦又以郊祀爲主，共四次。其餘兩次則爲藉田及祭廟。高帝雖亦曾在建元元（479）年辛丑祠南郊，但卻沒有肆赦。武帝時曾四度祠南郊，分別爲永明元（483）年、三（485）年、七（489）、九（491）年等，郊後均頒佈大赦。武帝似乎頗有隔年南郊的傳統，（註四五）未知何以永明五（487）年停了一次。劉宋南郊或在辛日、或在己日，並不一定。（註四六）及至南齊，南郊一律在辛日，且都在上辛日，用辛日或許是取其

「齋戒自新」之意。（註四七）

　　在嘉禮赦宥方面，仍不離踐祚或立太子等狀況。有趣的是，高、武似乎都很重視儲貳的建置，因此，幾乎都在即位後，馬上建儲，並肆赦恩。高帝建元元（479）年夏四月踐祚，在六月就冊立長子頤爲皇太子；武帝在建元四（482）年三月登基，在六月就冊立長子懋爲皇太子。同樣的例子亦見於明帝及東昏侯之世。蕭齊君主迅速立儲，或許是試圖平息諸子覬覦之心，從而杜絕兄弟同室操戈之慘事，以免重蹈劉宋之覆轍。

　　因災異而赦共有四次，其中三次是水旱、一次是「緯象愆度」。第一次水旱肆赦，是建元二（480）年夏六月的曲赦丹陽、二吳、義興等四郡水災最嚴重的縣。可能由於災情嚴重，除頒佈曲赦外，更免除元（479）年以前所欠的三調。（註四八）建元三（481）年因水旱大赦，不見於本紀，爲據《文館詞林》補。據《文館詞林》卷667，有〈南齊高帝水旱乖度大赦詔〉一首，詔書云：「朕君臨區寓，於今三載」，可見這次大赦是在建元三（481）年頒佈，但本紀失載。頗疑這次大赦同樣是由於丹陽、二吳、義興四郡的災情嚴重，因此，在曲赦後一年，再度頒佈大赦。

　　永明十一（493）年七月，也是因水災而曲赦沿江一帶州郡。這次水災波及範圍廣大，沿長江中下游一帶均成災區，故武帝曲赦南兗、兗、豫、司、徐五州、南豫州之歷陽、譙、臨江、廬江四郡，又原除災區三調衆逋宿債。頗疑這次嚴重水災，爲十（492）年年底以來之豪雨，使長江水位暴漲所致。（註四九）

　　這三篇赦書中，雖有「水旱爲災」、「水旱乖度」等語，但細按〈本紀〉、〈五行志〉及赦書等有關記載，可知此時都只發生水災而沒有旱象，因此，「水旱」一詞，可能爲當時官方對這類災禍之泛稱。

　　這段期間唯一的一次寇亂恩赦，是高帝建元元（479）年秋七月的曲赦交州。交州自宋泰始年間就發生內亂，土人李叔獻據交州，拒刺史沈煥。齊建元元（479）年夏五月，曾遣大使分行四方，但卻以「交寧道遠，不遣使。」顯然蕭齊對交州之亂，亦是鞭長莫及。七月，高帝曲赦交州，並以叔獻爲交州刺史，索性承認既成事實，以換取交州的歸順。（註五〇）

　　高帝諸赦中，建元三（481）年六月的大赦甚爲特殊，這次大赦是因次子豫章王嶷有疾。這類爲臣下疾病肆赦，前代偶亦有之，如孫權曾因呂蒙病篤而頒赦，苻堅因王猛疾篤而大赦殊死以下。（註五一）這種含有祈禳性質的赦宥，未知是否與此時大盛的佛教有關。（以上參看《齊書·高帝紀》《齊書·武帝紀》）

　　綜觀蕭齊的恩赦，有一點相當值得注意的，就是有十次是針對京師而赦的。也許因爲京師繁華熱鬧，品流複雜，罪案特多，所以，朝廷經常肆赦以作紓緩。武帝時期，曾一度想加以制裁，據《文館詞林》卷665〈南齊武帝郊祀大赦詔〉云：

> 可大赦天下。京畿政本，威令所由，人之多僻，特宜懲戒，都邑三百里內，罪應入重者，止降一等。

京師爲全國根本，對奸宄之徒宜加以嚴懲，因此，皇帝對京師以外的地區頒佈大赦，但是，京師一帶重罪，只能獲得降罪一等的恩典而已。

　　前文提到劉宋赦宥概況時，曾指出宗室諸王經常起兵反叛中央。爰及蕭齊時代，雖仍以宗室出任地方刺史，但鑑於劉宋之覆轍，遂設典籤以防制諸王。據《南史》卷44〈齊武帝諸子傳〉云：

> 高帝、武帝爲諸王置典籤帥，一方之事，悉以委之。每至觀接，輒留心顧問。刺史行事之美惡，係於典籤之口。莫不折節推奉，恆慮弗及。於是威行州部，權重藩君。

可見高、武設典帥，對於箝制諸王，收到很好的效果。也許正因如此，高、武之世，遂不見有宗室諸王反叛之事。

㈡鬱林～和帝時期（493～502）

鬱林王至和帝的八年間，分別頒佈了十四次大赦、八次曲赦、三次別赦、一次降等，共二五次恩赦，頻率相當高。

鬱林王實際只做了一年皇帝，有兩次恩赦。首次是在永明十一（493）年秋八月踐祚時所頒佈的，值得注意的是，這次頒佈的並不是大赦，而只是針對「北掠餘口」所作的一些寬宥。自三國確立踐祚大赦的傳統後，這是首度被打破。

然而，據其他史料所載，鬱林王在即位時應有大赦，只是本紀失載而已。永明十一（493）年七月，齊武帝疾篤，王融欲擁立竟陵王子良為帝，結果功敗垂成。七月丙寅，武帝崩，太孫即日登基。鬱林即位十多天，立即收王融下廷尉獄，王融上疏自理，提到「戊寅赦恩，輕重必宥。百日曠期，始蒙旬日，一介罪身，獨嬰憲劾。」（《南齊書·王融傳》）所謂「戊寅赦恩」，當指鬱林即位之大赦，但這次大赦，本紀失載。從王融的話中，可知鬱林即位時，曾頒佈大赦，且給予一百天自首時間。百日赦恩的問題，將在恩赦的效力部分，再作討論。

又《文館詞林》卷670，有〈南齊明帝原逋負及罷省詔〉一首，雖題為明帝，然細按其文字，與《南齊書·鬱林王紀》所載鬱林王踐祚赦詔，幾乎完全一樣。詔書中有「凡逋三調及眾債負，在今十一年七月三十日前，悉同蠲除」之句，與鬱林王於永明十一（493）年八月即位之時間吻合，故應從《南齊書·鬱林王紀》所記，此赦詔當為鬱林王，而非明帝所頒，《文館詞林》抄錄有誤。

公元494年，一年三赦，分別是鬱林王改元大赦、海陵王踐

祚及明帝踐祚的大赦。一年出現三個皇帝，可見政局之動盪。而
政局之不安，最主要是由於宗室蕭鸞覬覦皇位所致。蕭鸞爲蕭道
成的侄子，以宗室重臣之尊，受武帝遺命輔弼幼主，卻先後廢殺
鬱林及海陵王，自立爲皇，是爲明帝。

　　明帝在位僅四年，曾大赦四、曲赦二、別赦二、降等一，共
九次恩赦。史稱明帝「簡於出入，竟不南郊」，其實不單是南郊，
就是其他吉禮，明帝也鮮有舉行，故明帝之世，並無因吉禮而赦
的紀載。明帝性猜忌多慮，尤忌高、武一系子孫，故對其亟行殺
戮。由於高、武設典籤以控制諸王，明帝屠殺宗室時，都「悉典
籤所殺，竟無一人相抗。」（註五二）明帝之世，唯一較大規模
的叛亂，應數永泰元（498）年「王敬則之亂」。

　　王敬則爲高、武元勛重臣，都督會稽、東陽、臨海、永嘉、
新安五郡軍事，會稽太守。永泰元（498）年四月，敬則在君臣
相互猜疑下，趁明帝病重時舉兵。敬則一度聲勢浩大，但進軍至
武進陵時，爲臺軍所破殺。明帝遂於五月乙酉曲赦浙東、吳、會
稽等七郡。

　　明帝以爲誅滅高、武子孫，就可高枕無憂，孰料太子甫一繼
位，亂事便接二連三爆發。東昏侯及和帝只有三年統治，然而卻
有八次大赦、六次曲赦，頻率相當驚人，這十四赦中，有八赦是
與亂事有關。

　　東昏侯於永泰元（498）年七月即位，也許是史書失載，東
昏侯竟然沒有頒佈任何赦恩，爲踐祚大赦的傳統建立以來所僅見。
永元元（499）年秋八月丙辰，揚州刺史蕭遙光反，朝廷立刻曲
赦京邑。遙光旋爲臺軍所平，九月壬戌，朝廷以頻誅大臣，遂大
赦天下。這兩次是蕭齊歷年來僅有因宗室叛亂而頒佈的恩赦。遙
光之亂雖平，接著又有江州陳顯達舉兵下京、豫州裴叔業以壽陽

北降拓跋魏，局勢一片混亂。

　　《文館詞林》卷669，有〈宋順帝誅崔慧景大赦詔〉一首，考崔慧景爲南齊宿將，在東昏侯永元二（500）年三月，被派往征討裴叔業。不料慧景竟於廣陵迴軍襲建康，鎮京口的宗室寶玄亦同時響應。叛軍差點攻下臺城，最後爲蕭懿所平。永元二（500）年四月，遂曲赦京邑、南徐、兗二州等參與叛亂的地區。在五月壬子，朝廷又頒佈大赦，〈宋順帝誅崔慧景大赦詔〉當爲是次大赦赦詔，《文館詞林》顯然將東昏侯誤書爲宋順帝。在壬子大赦十四天後的乙丑日，東昏侯又再曲赦京邑、南徐、兗二州。

　　在兩月內連下三度恩赦，或許因這場叛亂牽連太廣有關。觀乎〈宋順帝誅崔惠景大赦詔〉，可知東昏侯雖「曲赦與之更始，而愚昧之徒，猶多竄伏」。既然曲赦效果不理想，只好頒佈大赦，且聲明「凡與崔慧景協契同謀，……悉皆盪滌，一無所問，凡諸反側，咸與惟新。」也許這次大赦仍不足以消除人們的疑慮，因此，在十多天後又再曲赦亂區。其實慧景自廣陵起兵後，得到京口奧援，一路勢如破竹，直撲臺城，東昏政權危如累卵，當時，投靠叛軍者可能不少，爲免誅連太廣，只好數下赦詔了。

　　崔慧景亂雖粗定，但接踵而來是荊州及雍州的反叛，終爲蕭齊政權帶來致命的打擊。雍州蕭衍起兵後，朝廷本來派荊州刺史蕭寶融、長史蕭穎胄討伐雍州，結果蕭穎胄以「蕭雍州蓄養士馬，非復一日。江陵素畏襄陽人，人衆又不敵，取之必不可制。」（註五三）遂挾寶融聯合蕭衍同反。永元元（499）年十二月，蕭衍於襄陽起兵東下，但在郢州受阻，一直到七月才慢慢扭轉劣勢。或許東昏侯也察覺到局勢不妙，因此，在七月癸巳曲赦荊、雍二州，試圖軟化蕭衍。但十多天後，蕭衍攻下郢城。軍隊一路破竹而下，終於廢殺東昏侯，另立寶融爲帝。兩年後，蕭衍篡齊，建

立梁朝，也就是有名的梁武帝了。

四、蕭梁時期

　　梁朝享國五十六年，然武帝在位就有四十七年，故蕭梁國運大致可說是與武帝相始終。武帝自天監元（502）年至太清三（549）年的四十七年統治，凡大赦三十八、曲赦十一、別赦十、降等二、贖罪二，共恩赦六十三次之多。從〈蕭梁赦宥分類表〉中，可清楚看到武帝眾多赦宥中，以南郊大赦最多，共有十五次。

　　若論東晉以來皇帝的郊祀，當以梁武帝時期最為頻繁。武帝在位四十七年，共南郊十九次，幾乎是隔年一郊。隔年一郊的傳統，在南齊時逐漸確立，梁武時代實行得最為徹底。而南郊之日亦選在正月上辛日，上辛日南郊，當也是沿襲南齊舊制。武帝相當重視郊祀，故每次必親自主持。（註五四）十九次南郊中，有十五次在郊後頒佈赦恩，可見南郊禮為梁朝極重視的一項禮儀。梁的郊祀禮儀起初沿襲前代，二年一郊，天監三（504）年後，將南郊禮分作冬至日祀天，正月上辛日祈穀兩部份。此制本為曹魏時期王肅之主張，惟曹魏只於冬至日祀圜丘；兩晉、劉宋、蕭齊則在正月上辛日祀南郊；梁武帝之興革，看來是折衷魏晉之制，但不脫王肅說。（五五）

　　除了南郊禮外，武帝對另一項國家重要禮儀——藉田禮——也有所興革。據《隋書·禮儀志二》云：

> 梁初藉田，依宋、齊，以正月用事，不齋不祭。天監十二（513）年，武帝以為：「啟蟄而耕，則在二月節內。書云：『以殷仲春。』藉田理在建卯。」於是改用二月。

可知天監十二（51）年，武帝將藉田禮移到二月舉行，一改過去正月藉田的傳統。武帝因藉田禮而赦的例子不算多，共有三次，

分別爲天監十三（514）年二月丁亥、十六（517）年二月辛亥及中大通六（534）年二月癸亥等。《文館詞林》卷 665，有〈梁武帝藉田勸農大赦詔〉一首，詔中有云「凡天下罪無輕重，未發覺、已發覺，在今年二月十日昧爽以前，一皆赦宥」，考上述三次藉田赦中，只有中大通六（534）年一次，是在二月十日（癸亥）頒佈，故疑即此次大赦。

除了吉禮赦外，因嘉禮而赦的也有七次，其中兩次屬踐祚赦，另外五次都與皇子有關。前文曾提到南齊皇帝甫即位，多在一年內立儲，武帝也一樣，在天監元（502）年十一月甲子，就冊立年僅兩歲的長子統爲皇太子，並頒佈大赦，時距即位僅半年而已。天監十（511）年多十月「降都下死罪以下」，是由於第三子蕭綱誕生之故。《梁書》不載此次恩赦，今據《南史》及《文館詞林》卷666補上，不過，《文館詞林》所收赦詔並沒有指出是次恩赦只是針對首都。天監七（508）年四月乙卯「赦大辟以下」，是因皇太子納紀，太子時年僅八歲。天監十四（515）年大赦，是因皇太子年滿十五歲而加冠禮。蕭統卒於中大通三（531）年四月，武帝立即在五月更立三子綱爲皇太子，並且大赦。

皇太子夭折，武帝諸子頗有覬覦儲位之心，若論嫡長嗣位，則應冊立統子歡爲嫡孫，但武帝有另一層的顧慮，據《南史》卷53〈梁武帝諸子傳〉云：

> 歡既嫡孫，次應嗣位，而遲疑未決。帝既新有天下，恐不可以少主主大業，又以心銜故，意在晉安王（即三子綱），猶豫自四月上旬至五月二十一日方決。

可知武帝以國賴長君，故捨嫡孫而立簡文。又云：

> 帝既廢嫡立庶，海內噂嗜，故各封諸子大郡，以慰其心。

由於廢嫡立庶，招致諸子不滿，武帝只好各封以大郡以作安撫。

但諸子中蕭督兄弟就以不得爲嗣，而常懷不平。（註五六）諸子明爭暗鬥，終致釀成骨肉相殘之悲劇，梁朝也因此而滅亡。

武帝本爲「歷葉相承」的天師道世家，然在天監三（504）年，改宗佛教。（註五七）武帝的佞佛，爲歷史上有名，在位期間，有七次恩赦是與佛法有關。武帝佞佛最有名的事件，當爲四度捨身同泰寺爲奴。

武帝第一次捨身，是在普通八（527）年三月辛未至甲戌，歷時四天；第二次是在大通三（529）年九月癸已至十月己酉，歷時十七天；第三次是在大同十二（546）年三月庚戌至四月丙戌，歷時三十七天；第四次是在中大同二（547）年三月庚子至四月丁亥，歷時四十三天。（註五八）武帝捨身的時間，一次比一次長，最後都由太子朝臣共出錢億萬贖回。

這位「皇帝菩薩」每次被贖回宮後，都一定會頒佈大赦並且改元。第一次捨身後，改元大通元年；第二次改元中大通元年；第三次改元中大同元年；第四次改元太清元年。據《南史・梁本紀》記載武帝最後一次捨身後的情形，提到「服袞冕，御輦還宮。幸太極殿，如即位禮，大赦，改元」；又《文館詞林》卷668記載改元爲中大通元年時，梁武帝所頒大赦詔書中，有曰：「豈宜再臨太階，重辱神器」之語，此詔爲第二次捨身被迎還宮後頒佈，可知武帝每次捨身爲奴，都等於是自動放棄了皇位，所以，每次被迎還宮後，都須重新舉行登基儀式，因而改元及大赦天下，以示與天下更始。皇帝甘願捨身爲奴，使帝位空懸一段時間，在中國歷史上可說絕無僅有的。（註五九）

武帝除了四度捨身外，因崇佛而赦的，尚有三次，一次是天監十八（519）年因受佛戒而赦罪人，一次是大同三（537）年因幸阿育王寺而大赦，一次是大同四（538）年東冶徒李胤之降

如來真舍利。除了這幾次直接因崇佛而赦外，也有恩赦是因佛教思想影響下頒佈的，如《梁書・武帝紀下》云：

> （大同十一年）冬十月己未，詔曰：「堯、舜以來，便開
> 贖刑，中年依古，許罪身入貲，吏下因此，不無姦猾，所
> 以一日復敕禁斷。川流難壅，人心惟危，既乖內典慈悲之
> 義，又傷外教好生之德。書云：『與殺不辜，寧失不經。』
> 可復開罪身，皆聽入贖。」

所謂「內典」、「外教」當分別指釋教及儒家。容許罪犯納貲贖罪，甚或肆赦釋囚，是儒家經典所強調人君應有的仁德表現，這點已在第一章第一節中予以討論。儒家這種仁德思想，似乎與佛教的慈悲思想有契合之處。上引重開贖罪之科一事，當可視作兩種思想契合下的一項具體恩典。武帝自天監三（504）年改崇佛教以後，直至太清三（549）年病逝之間的四十多年，共有五十七次恩赦。頗疑如此頻繁的頒赦，可能是受到佛教慈悲思想很大的影響。

武帝十一次的曲赦，有七次是與地區性的叛亂有關。益州、交州、廣州等地，距政治中心建康懸遠，朝廷對之經常有鞭長莫及之嘆。天監元（502）年，益州刺史劉季連發兵阻鄧元起繼任，相持年餘，武帝遣主書趙景悅赦季連，許其降，季連遂即日開城降元起。（註六〇）從這個例子可清楚看到，恩赦在討伐亂事所產生的作用。

除了益州以外，武帝曾四度曲赦交、廣等南疆。天監四（505）年二月之曲赦交州，是因交州長史李畟討平刺史李凱的叛亂。朝廷後來以畟為交州刺史。十一年後，交州有阮宗孝之亂，後為李畟討平，朝廷再度曲赦交州。大同七（541）年，交州土人李賁反，逐走刺史蕭諮，朝廷遣新州刺史盧子雄討賁，子雄兵

敗，賜死廣州，子雄弟子略爲兄報仇，起兵寇廣州，大同七（
505）年五月爲陳霸先所討平，朝廷遂曲赦廣州。李賁據交州，
一直到太清元（547）年才爲陳霸先所滅。二（548）年三月傳
首京師。五月，曲赦交、愛、德三州。除此以外，尚有三次曲赦
與拓跋魏降將有關。大通元（527）年冬十月，梁北伐軍破魏東
豫州刺史元慶和，慶和降，武帝遂曲赦東豫州。（註六一）太清
元（547）年八月，東魏大將侯景以河南地內附，武帝趁機派淵
明北伐，遂下詔寬宥「緣邊初附諸州部內百姓」，最後淵明兵敗
被俘。

　　武帝最後一次曲赦，也是武帝最後一次恩赦，是太清二（
548）年八月的曲赦南豫州，原因就是鎮壽陽的侯景，舉兵叛梁。
（以上參看《梁書·武帝紀》）侯景於壽陽起兵後，直撲建康，
在得到武帝侄子蕭正德的串通下，輕易渡江圍攻臺城，臺城在堅
守百多日後投降，建康政權遂落入侯景手中。武帝於太清三（
549）年五月憂憤而死，太子綱繼位，是爲簡文帝。簡文帝三赦
中，太清三（549）年五月壬午一次，是赦「諸州見在北人爲奴
婢者，並及妻兒。」這次赦宥是侯景矯詔所頒，目的是想籠絡這
些北人，以爭取其支持。（註六二）

　　侯景肆虐建康，梁朝宗室竟然「不急莽、卓之誅，先行昆弟
之戮。」（《南史·梁本紀下·元帝紀》）彼此爲爭奪帝位，相
互殘殺。最後湘東王繹在西魏支持下，掃平異己，雄據中游。公
元552年三月，侯景爲繹大將王僧辯所破殺，侯景亂平。同年冬，
蕭繹即位於江陵，是爲元帝。然而，江陵以北的軍事重鎮襄陽，
已爲西魏佔據，江陵後防門戶洞開。在承聖三（554）年九月，
蕭詧引西魏軍突襲江陵，元帝被擒，江陵男女十萬亦被掠北歸。
元帝被執後，其舊部王僧辯、陳霸先於建康共立元帝子方智爲太

宰，北齊亦於此時送蕭淵明南歸爲梁主，北齊蓋欲效梁武送元顥北歸以圖僥倖的故智。王僧辯納淵明爲主，但卻招致霸先不滿，僧辯旋爲霸先攻殺，霸先遂擁立方智爲帝，是爲敬帝，霸先遂專制梁政。

　　敬帝在位僅兩年，共七赦，其中六赦是因亂事而頒佈的。王僧辯被霸先襲殺後，其餘黨紛紛起兵，先是女婿吳興太守杜龕聯合義興太守韋載反；繼而僧辯舊部秦州刺史徐嗣徽也聯合南豫州刺史任約同舉兵，北齊更資其兵食。徐等以京師空虛，遂率軍直撲建康。紹泰元（555）年十二月，臺軍於石頭破走嗣徽及齊軍，解除首都的威脅，明年正月，遂大赦天下。同月癸未，杜龕伏法，朝廷亦曲赦吳興。二月曲赦東揚州，是因討平圍攻臨海的王僧辯舊部東揚州張彪。此時，王僧辯餘孽才被完全肅清。

　　齊軍雖一度被擊退，但在紹泰二（556）年三月又再發十萬大軍捲土重來，霸先幾經苦戰，終在六月大敗齊軍，俘其將四十六人，戊午日遂大赦天下。同年九月，可能以京畿一帶粗定，遂改元太平元年。侯景之亂以來，坐鎮南陲的廣州刺史蕭勃，一直擁兵自重，太平二（557）年二月，更勾引南江州刺史余孝頃同反，勃旋於三月被攻殺，朝廷亦於四月曲赦江、廣、衡等叛亂地區。（以上參看《梁書·敬帝紀》《陳書·武帝紀》）

　　侯景亂後，建康政權不絕如縷，幸賴陳霸先之苦心經營，方得粗安，至此，霸先望實俱隆，遂於太平二（557）年十月逼敬帝禪位，改國號曰陳，是爲陳武帝。

五、陳朝時期

　　侯景之亂後，江南社會產生很大的變動，最主要的就是北來高門大族以及南方固有的會稽、吳中等大族，都慘遭侯景及西魏

軍隊大肆屠戮，自此，這些高門大族的勢力日益式微。另方面，一些未遭戰火波及的地區，卻見大批土著豪族乘時崛起。史稱「梁末之災沴，群凶競起，郡邑巖穴之長，村屯塢壁之豪，資剽掠以致彊，恣陵侮而爲大。」（《陳書‧熊曇朗等傳論》）不管是陳武帝，抑或是其部下將領，如侯安都、程靈洗、魯悉達、歐陽頠；甚至陳朝的敵對勢力，如陳寶應、熊曇朗、留異、周迪等，均爲地方豪強出身。侯景之亂以降，南方的高門大族慢慢退出歷史舞台，代之起而翻雲覆雨的，卻是這批地方上的土豪豪強。（註六三）

㈠武帝～文帝時期（557～566）

從附表十三可以清楚看到，陳朝只有在武帝時曾因南郊大赦，此後，就不再因任何一種吉禮而肆赦了。同樣的，在嘉禮方面，除了踐祚必赦外，其他如立后、立太子等，都不再頒赦了。陳朝因禮儀而赦的情況很少，與宋、齊、梁構成強烈對照。陳朝四十次恩赦中，最惹人注意的是因平亂肆赦，共有十次之多，在武、文時代，就有七次。

陳霸先雖在即位前肅清了建康附近的叛亂，但陳朝的統治範圍依然有限，其時益、梁、襄陽陷於西魏，淮、泗亡於北齊，長江中游的湘、江、郢等州，又爲蕭梁的殘存勢力盤據，嶺表一帶更是中央無暇兼顧。陳武帝、文帝時期的主要工作，就是削平境內的反對勢力，以鞏固建康的統治。總計武帝、文帝十七次恩赦中，有七次是與討平這些反對勢力有關。

陳朝的策略，是先用兵長江中游，肅清以王琳爲首的反陳力量；繼而討伐南川、東陽、閩中等建康腹地的半獨立勢力，以加強建康的統治；對於交、廣等懸遠地區，則暫時維持一羈縻狀態。雄據中游的王琳，在文帝天嘉元（560）年二月，始爲陳朝大將

侯瑱擊潰。江、郢安靖，下游的安全才能得到保障。自江陵陷落後，巴、湘、之地，並屬北周，陳逐走王琳後兵鋒直指該區。陳兵先絕周軍補給線，繼而大軍圍逼湘州，天嘉元（560）年十二月，巴陵降，二（561）年二月，湘州亦降。陳朝遂曲赦湘州諸郡。至此，長江中游方為陳有，劃江之勢始成。

　　中游雖靖，南川、閩中等大片腹地，仍處半獨立狀態，天嘉二（561）年以後，陳朝主要就是向這一帶用兵。天嘉二（561）年底，陳遣侯安都自會稽諸暨步道襲東陽郡。另方面，天嘉三（562）年春，朝廷又遣吳明徹等討伐盤據臨川的周迪。三（562）年三月甲申的大赦，正是因吳明徹南討頒佈。四（563）年正月，周迪也敗奔陳寶應，臨川平。東陽、臨川既平，陳朝兵鋒遂指向閩中豪帥陳寶應。天嘉四（563）年十二月丙申大赦，就是在文帝遣章昭達討伐陳寶應下頒佈，另外，文帝又命余孝頃督永嘉諸軍從海道會合。天嘉五（564）年十一月，臺軍執陳寶應及留異。十二月甲子，朝廷遂曲赦建安、晉安等郡。（以上參看《陳書·世祖紀》）。

　　㈡廢帝～後主時期（566～589）

　　在文帝天嘉五（564）年左右，陳朝境內的反抗勢力，大致已被消滅，孰料宣帝奪位，內亂又起，湘、巴再叛。文帝於天康元（566）年四月崩，子伯宗繼位，文帝弟頊為輔政之一，頊覬覦帝位，遂誅鋤廢帝羽異，廢帝只好招誘外援以制頊。光大元（567）年二月，帝黨南豫州刺史余孝頃起兵，然立即被剿平。同年五月，湘州刺史華皎起兵，並勾引周軍，九月，為吳明徹所平。冬十月辛巳，朝廷遂赦「湘、巴二州為皎所詿誤者」。余孝頃、華皎先後起兵失敗，陳頊篡位之勢遂成。光大二（568）年十一月，頊以太后之令廢帝。頊即位，是為宣帝。（以上參看《陳書

·廢帝紀》

　　宣帝奪位之事，餘波未息。史稱「光大中，上流蕃鎮並多懷貳，高宗以（歐陽）紇久在南服，頗疑之。」（《陳書·歐陽紇傳》）太建元（569）年，徵紇爲右將軍，紇遂反，亂事在二（570）年三月爲章昭達所平。三月丙午，朝廷遂曲赦廣、衡。第二天（丁未）宣帝又大赦天下，這可能是因境內無塵，四方安靖，故大赦以示慶祝吧。（以上參看《陳書·宣帝紀》）

　　宣帝於太建十四（582）年正月甲寅崩，太子叔寶繼位，史稱陳後主。後主在位六年，凡大赦九。其中有兩次是與佛法有關的，一次是太建十四（582）年秋九月丙子的捨身，一次是至德三（585）年冬十一月辛巳的幸長干寺。以皇帝之尊捨身爲奴，梁武帝是始作俑者，陳朝皇帝曾經捨身的，除了後主外，之前已有武帝及文帝二人了。（註六四）後主於禎明二（588）年尙有另一次捨身，史稱「有狐入其牀下，捕之不見，以爲祅，乃自賣於佛寺爲奴以禳之。」（《南史·陳本紀·後主紀》）似乎捨身並非出自內心對佛法的誠信，而是以捨身作爲一種求福辭禍的祈禳手段罷了。

　　後主時代有三次大赦是在十一月頒佈的，分別是至德二（584）、三（585）、四（586）年，可能與節氣有關。按四年的赦詔云：「黃鍾獻呂，和氣始萌，玄英告中，履長在御，因時宥過，抑乃斯得。」可知十一月是「和氣始萌」之時，人君當順應時分，適時宥過。後主這類大赦，可能是受乃父宣帝的影響。按《陳書·宣帝紀》所載太建十一（579）年十一月辛卯詔曰：

　　　　即建子令月，微陽初動，應此嘉辰，宜播寬澤，可大赦天下。

所謂「建子令月，微陽初動」，當是根據《禮記，月令》「仲冬

日短至，陰陽爭，諸生蕩」之理念，即十一月時，陰氣雖仍盛，但陽氣正欲興起，萬物也於此時發動萌芽。宣帝就是基於這種思想，為了順應陽氣之發動，乃大赦天下。後主三次十一月大赦，當是受宣帝之影響。

六、結　論

　　總結南朝赦宥概況，有以下數點：

　　一、南朝一百七十年，共有恩赦二百五十五次，平均一年1.5赦。若就每一政權單獨而論，則劉宋五十九年，共恩赦九十二次，平均一年1.6赦；蕭齊廿三年，恩赦四十九次，平均一年2.1赦；蕭梁五十五年，恩赦七十四次，平均一年1.3赦；南陳三十二年，恩赦四十次，平均一年1.3赦，其中以劉宋及蕭齊肆赦的頻率明顯較高。若與兩晉相比較，情形又如何？西晉五十年，共恩赦五十六次，平均一年1.1赦；東晉一百年，共八十三赦，平均一年才0.83赦，顯然南朝赦宥的頻率，遠高於兩晉。

　　若只就大赦一項相比較，則西晉大赦四十三次，東晉大赦七十七次；南朝方面，宋有五十五次、齊有廿三次、梁有四十七次、陳有廿四次，其頻率分別是西晉一年0.86次、東晉是0.77次、劉宋是0.93次、蕭齊是1次、蕭梁是0.85次、陳朝是 0.75次，其頻率有起伏波動，以宋、齊較高，梁、陳又再度下跌。

　　二、赦宥的時機方面，南朝自劉宋開始，因吉禮及嘉禮而頒佈的赦宥特別多。劉宋的吉禮、嘉禮赦宥有四十五次，佔全部九十二次恩赦的49％，遠高於兩晉時期吉禮、嘉禮赦宥只佔36％。至於蕭齊則是44％；蕭梁則是45％，及至陳朝，情況比較特殊，只佔總數的31％而已。但就南朝整體而言，吉禮、嘉禮恩赦所佔比例仍是很高，相當值得注意。

　　吉禮主要包括郊祀、藉田、祭宗廟等，其祭拜的對象或為天帝、地祇，或為社稷、祖靈等，其中又以郊祀最為重要。郊祀禮分為南郊和北郊，南郊是祭拜昊天上帝，北郊則是祭拜地祇，在南朝，南郊遠比北郊受重視，皇帝經常在南郊禮畢，馬上頒佈大赦，南朝因南郊而大赦，就有廿六次之多。

　　當開國皇帝登基時，必定會焚燎昭告「皇皇上帝」，其用意就是要申告上帝，現在人間的皇帝已經有所更替，祈求上帝能保佑新君；另方面，皇帝也是透過祀天，以取得天帝的認可，從而昭告世人，他是取得天命，也就是取得了合法性及正統性，其他人不得再覬覦皇位了。司馬炎篡魏自立為帝時，就曾舉行祀天儀式，以昭告皇皇上帝。然而，除了在即位時祀天外，以後都沒有行南郊等祭天禮了。即位後頻頻南郊以祀天，應在東晉時才慢慢頻繁，而大盛於蕭梁時代。為甚麼會有這種轉變呢？愚意以為這是與皇帝地位不穩，權威低落有關。

　　東晉皇帝是由高門大族擁立，東晉政治可謂是門閥政治，皇權相當低落，甚至淪為門閥政治的裝飾品。因此，可能需要經常舉行郊祀禮，借天命來加強其權威。及至南朝，皇帝並非出自高門大族，相對於朝中的大族，不免會有一點自卑感。除此以外，就當時客觀環境而論，皇帝也不免產生不安全感。蓋因南朝政變迭起，皇位相當不穩，劉宋就有五個皇帝遭廢黜或弒殺，齊也有三個皇帝被廢殺，皇帝難免會有不安全感，所以就經常郊祀昊天上帝，透過這項禮儀，不斷強調其得天命，強調其皇位之合法性，以消弭其他宗室或權臣的不軌企圖。所以皇帝特別重視郊祀禮，且多親臨主持。然而，光是在首都郊祀，皇帝如何昭告天下其得天命呢？個人以為，大赦就是昭告天下的最佳辦法。皇帝在郊祀禮畢頒佈大赦，天下萬民除了分享到皇帝的喜慶，也可以沾到皇

帝的恩德，同時也了解到人君是得天命的。可能基於這種考慮，皇帝就常常在郊後大赦。（註六五）

　　三、除了吉禮赦以外，嘉禮赦也是十分重要的。南朝因嘉禮而赦的例子很多，共六十四次之多。吉禮是每年定期祭拜一定的神祇，嘉禮則多是臨時性的皇室慶典，其中以皇帝踐祚大赦最多，此外，因太子的喜慶而赦也不少，筆者以為這是因南朝的太子，有愈益濃厚的「擬皇帝化」現象之故。

　　赦宥基本上是一種皇帝個人的恩德，也是只有皇帝才有資格施捨的恩德。因此，皇帝會因個人的喜慶而肆赦，如立后、加元服、巡幸等。及至南朝，太子漸被視同皇帝一樣，在類似的喜慶時，皇帝也會頒赦以與民同慶。皇帝在踐祚、立后、加元服等喜慶中會頒佈大赦，同樣的，在皇太子被冊封、立太子妃或行冠禮時，皇帝都會頒佈恩赦以與天下同慶。個人認為這種「擬皇帝化」的作法，目的應是為了提昇皇太子的地位。

　　南朝經常發生篡位弒君之事，皇位很不穩固，連帶使得皇太子的地位也不穩固。另方面，南朝社會不重嫡出，也是太子地位不穩的原因之一。據《顏氏家訓・後娶篇》云：

　　　江左不諱庶孽，喪室之後，多以妾媵終家事。河北鄙於側出，不預人流。

可見南朝並不重視嫡妻、嫡子、嫡孫，與「河北鄙於側出」不同。嫡子既非皇位的必然繼承人，諸子遂暗自經營，勾心鬥角，皇帝為了平息諸子間的紛爭，多在即位後馬上立儲，如宋武帝、明帝、齊高帝、武帝、明帝、梁武帝、元帝、陳廢帝、宣帝、後主等，幾乎都在即位半年之內，便立刻確立儲貳之位。此外，更常藉太子本身的喜慶而肆赦，將皇太子「擬皇帝化」，以加強皇太子的威望。除了這些象徵性的措施外，皇帝也會令太子主理政務，如

齊高及梁武均令太子省理萬機；或加強東宮的武力，如宋文帝加強太子劭東宮衛隊等，以實際的措施加強其武力及行政能力，從而鞏固其地位。

四、南朝在恩赦的頻率上，比兩晉有明顯的上昇，然在大赦一項上，卻不見有大的波動，可見南朝在其他的赦宥上，有相當顯著的增加。其中曲赦次數的暴增，很值得注意。西晉只有九次曲赦、東晉更只有三次，然而，劉宋卻增加到廿五次之多，佔恩赦的27％；齊也有廿次，佔41％；梁有十七次，佔23％；陳有十一次，佔28％。南朝曲赦的次數大幅增加，最主要的原因就是中央及地方的叛亂頻仍所致。一般而言，假如只是局部地區的叛亂，皇帝只會曲赦亂區而已，除非是類似劉子勛之亂，幾乎蔓延全國，皇帝才會在亂平後大赦天下，其他較小規模的亂事，皇帝根本就不會給予赦免。因此，從皇帝曾否赦免動亂地區，可以推斷該次動亂的大小程度。

就曲赦的地區而言，似乎呈現一種兩極化的現象，就是首都及邊州，如交、廣、益等地較常受到曲赦。蕭齊廿二年國祚，有四十九次恩赦，其中針對京師的，就有十次；陳朝卅八次恩赦，針對京師的也有四次；經常對京師肆赦，一方面可能如同前述，主要是因首都治安不靖，另方面，也是因為南朝政變迭起，首都自然是政治鬥爭的所在地，亂發時或是亂發後，當政者為安撫人心，往往會曲赦京師，如南齊東昏侯永元元（499）年八月，揚州刺史宗室蕭遙光舉兵反，東昏侯馬上曲赦京師。至於交、廣、益等邊州，由於距首都懸遠，中央常有鞭長莫及之嘆，一般只能維持羈縻狀態而已，一旦發生叛亂，中央往往亦無可如何，甚至予以曲赦，以換取該區的歸順，如齊建元元（479）年，交州李叔獻為亂，七月，蕭道成曲赦交州，並以叔獻為交州刺史，索性

承認既成事實，以換取交州的歸順。

　　南朝亂事迭興，在前文已屢有論述，至於發動變亂者的身份，隨著不同的時代而有所轉變。在東晉立國以迄孝武帝時代，主宰朝綱的是高門大族，參與政治鬥爭，甚至發動政變者，幾乎都是大族，及至劉宋時，皇帝握有強兵，皇權得以重振，高門的政治勢力則漸漸衰退，皇權高張連帶使得宗室諸王也變得勢大權重，一如《晉書‧八王傳》序所說的「或出擁旄節，蒞嶽牧之榮；入踐台階，居端揆之重」，此時經常發動政變，主要就是宗室諸王，許多次的曲赦，甚至大赦都是因宗室叛亂而頒佈的。

　　劉宋末葉，地方豪強在政治上已愈來愈活躍，「劉子勛之亂」正代表這些豪強往上衝突的一個重要現象。及至梁末侯景之亂爆發，梁王朝土崩瓦解，北來高門及吳中、會稽大姓，遭到致命的打擊。然而，各地豪強則乘時崛起，紛紛據地自保。土著豪強取代了高門大族，成為這段歷史的主角，從陳朝皇室以下，多屬這個階層出身。陳朝花了十多年的時間，方把這些據地稱雄的豪強，一一討平，將分崩離析的江南重新整合起來。陳朝至少有六次的曲赦，就是因為對這些豪強用兵而頒佈的。考察每一時代發動政變或叛亂者的身分，可知每一時代政治重心之所在，從而可以透視出每一時代性質的轉變。

　　五、兩晉因災異而赦，共有十八次之多，南朝情況又如何呢？劉宋因災異而赦只有二次，齊有三次，梁有二次，陳有二次，南朝因災異而赦，總共只有九次而已，數量相當的稀少。而且，九次中有七次是因水災、旱災等自然災害而肆赦，至於星象的變異，已經引不起南朝皇帝的注意了。

　　六、就赦宥的季節性分佈而論，若依照兩晉的篩選標準，即排除踐祚、政爭、寇亂恩赦後，則劉宋可得五十四例、齊可得三

十三例、梁可得五十九例、陳可得廿四例，總數爲一百七十例。
這些例子中，是在春夏兩季頒佈的，劉宋有三十四次，佔63％；
齊有廿七次，佔82％；梁有四十次，佔68％；陳則只有十二次，
佔50％。南朝整體而言，春夏肆赦的比例，約爲66％。南朝除
了蕭齊以外，其他各朝都比東晉的72％來得低，陳朝更跌至50
％而已。（註六六）可見恩赦的季節性分佈，有愈來愈淡化的趨
勢。

【附　註】

註　一　文帝對青、徐勢力的整肅，甚少爲學界注意，本節所論，主要
　　　　參考田餘慶〈漢魏之際的青徐豪霸問題〉（歷史研究1983-3）。

註　二　關於魏末政爭，可參看劉顯叔〈論魏末政爭中的黨派分際〉（
　　　　史學彙刊9，民國67）

註　三　荀悅對大赦的論述不見於今本《漢紀》，而見於《初學記》〈
　　　　政理部〉「赦門」。

註　四　劉令輿氏以爲魏明帝以後多赦，是因司馬氏執政，特爲反曹氏
　　　　作風所致。參看劉令輿〈中國大赦制度〉，頁173。

註　五　魏明帝景初元（237）年，廢黜周公而尊孔子爲先聖，將後漢
　　　　的聖師周孔制改爲聖師孔顏制，實爲教育史上之大事。參看高
　　　　明士《唐代東亞教育圈的形成》（台北，國立編譯館，民73），頁
　　　　144～162。

註　六　萬繩楠亦指出孫吳的治國方針爲「施德緩刑」及「限江自保」。
　　　　見氏著《魏晉南北朝史論稿》（合肥，安徽教育，1983），頁
　　　　62～77。

註　七　孫休及孫皓均在即位時立后，因即位時已大赦，故不重赦。

註　八　漢朝因日蝕而赦，可參看沈家本《歷代刑法考》，頁558～564。又

可參看趙翼《廿二史箚記》卷2「漢儒言災異」、「漢重日蝕」及「漢詔多懼詞」等諸條。

註　九　參看高明士〈政治與法制〉（收入王仲孚等編著《中國文明發展史》上冊，台北，國立空中大學，民77），頁36。

註一〇　此論點爲劉令興氏提出，然其兩種新赦例，一爲「皇子生」，另一爲「平內亂」惟「平內亂」一詞較含糊不清，故改爲「朝廷政爭」。

註一一　《文館詞林》爲唐許敬宗所編纂，主要收集初唐以後的鉅作名篇，原書一千卷，中國久佚，唯日本尙存數十卷。今有阿部隆一、尾崎康所輯《影弘仁本文館詞林》（東京，古典研究會，1969），最稱完備。是書保存大量六朝詔敕，可補正史之闕，彌足珍貴。只是所載詔敕，均不書日期，誠美中不足之處。

註一二　《大唐六典》（台北，文海出版社，民63）卷6〈刑部〉注，頁130。

註一三　據《三國志・魏書・文帝紀》，可知魏文帝也曾於黃初五（224）年八月，赦五歲刑以下。此爲歷史上首次以刑期區分徒刑輕重之記載。魏律應當也是如此制定的。按《晉書・刑法志》所引魏律刑名，徒刑部分計有髡刑四、完刑三、作刑三，共有十等。程樹德以爲髡刑即五歲刑，完刑即四歲刑，作刑即一、二、三歲刑。見氏著《九朝律考・魏律考》（北京，中華書局，1963），頁200。

註一四　曲赦之名首見於此。

註一五　此戰役經過，除《華陽國志・南中志》外，尙可參看《三國志・魏志・陳留王紀》、《三國志・吳書・孫休傳》、《三國志・吳書・孫皓傳》、《晉書・陶璜傳》等。方國瑜對此役有詳細論述，見氏著《彝族史稿》（成都，四川民族，1983）頁

101～102。

註一六　參看方國瑜《滇史論叢》（上海，上海人民，1982）頁49～
　　　　50。

註一七　樹機能的族屬及其叛亂問題，可參看祝總斌〈評晉武帝的民族
　　　　政策──兼論匈奴劉猛、鮮卑樹機能反晉之性質〉收入中國魏
　　　　晉南北朝史學會編《魏晉南北朝史研究》（成都，四川社科，
　　　　1986），頁183～209。

註一八　《晉書・武帝紀》中，不見武帝因天象變異而赦之記載。然據
　　　　《文館詞林》卷667，有〈西晉武帝三辰謫見大赦詔〉一首。
　　　　武帝有五次赦宥，原因不詳，分別是泰始六（270）年三月、
　　　　泰始八（272）年六月、咸甯二（276）年二月、咸甯五（279）
　　　　年四月及太康五（284）年十二月等。《文館詞林》所載的大
　　　　赦，當爲其中之一次。考此次是因三辰謫見而「大赦天下」，
　　　　但泰始六（270）年三月及咸甯二（276）年二月，均只「赦五
　　　　歲刑以下」，故不會是這兩次。又赦書只有提到「寇戎不靜，
　　　　征戍勤瘁」，卻沒有提到孫吳猶竊據江東，或仍未掃平六合一
　　　　類的措詞，故疑此大赦應在平吳之後。又詔中提到「水旱爲災」，據
　　　　《晉書・五行志上中》，可知太康五（284）年六月，大旱；
　　　　九月，郡國五大水。是故將此次「三辰謫見大赦」繫於太康五
　　　　（284）年十二月。

註一九　參見唐長孺〈西晉分封與宗王出鎮〉收入氏著《魏晉南北朝史
　　　　拾遺》（北京，中華，1983），頁123～141。

註二〇　何吉賢〈試論八王之亂爆發的原因〉（《河北師範大學學報》，
　　　　1981-4）。

註二一　祝總斌〈八王之亂爆發原因試探〉（《北京大學學報》，1980
　　　　-6）。

註二二　羅宏曾〈「八王之亂」爆發原因芻議〉（《天津社會科學》
　　　　1985-5）。

註二三　永嘉元年夏五月，汲桑、石勒反於冀州，後投入司馬穎故將公
　　　　師藩部隊，故也是司馬穎的餘孽。公師藩被殺後，汲桑等繼續
　　　　反司馬越，後與并州的劉淵結合，成爲中原最強的胡人勢力。

註二四　郗鑒在此事所扮演的角色，可參看田余慶《東晉門閥政治》（
　　　　北京，北京大學，1989），頁38～54。

註二五　其實，元帝時已有任法以提高皇權之意。按《晉書·阮孚傳》，
　　　　可知帝曾「用申、韓以救世」；據〈庾亮傳〉，可知元帝「方
　　　　任刑法，以《韓子》賜皇太子。」

註二六　據唐徐堅《初學記·政理部·赦門》所引何法盛《晉中興書》，
　　　　收錄有成帝咸康元（335）年郊祀赦詔部分詔文，其內容與《
　　　　文館詞林》卷665的〈東晉成帝郊祀大赦詔〉類似，當爲同一
　　　　赦書。然按《晉書·成帝紀》並無咸康元（335）年郊祀大赦
　　　　之記錄。咸康元（335）年只有一赦，是爲春正月庚午朔加元
　　　　服大赦。但據《晉書·禮志上》，可知成帝咸和八（333）年
　　　　正月立北郊，是月辛未，祀北郊。足見《文館詞林》所收赦書，
　　　　宜繫於此年正月辛未之後，《初學記》所載咸康元（335）年，
　　　　當爲咸和八（333）年之誤。

註二七　投靠蘇峻的宗室，有彭城王雄及章武王休等。見《晉書》卷37
　　　　〈宗室傳〉。

註二八　參看田余慶《前揭書》，頁65～73。

註二九　路永《晉書》無傳，其事蹟散見於〈成帝紀〉、〈穆帝紀〉、
　　　　〈王導傳〉、〈溫嶠傳〉、〈庾亮傳〉、〈庾翼傳〉、〈袁耽
　　　　傳〉。

註三〇　元興元（402）年四月的大赦，本紀失載，今據《晉書·桓玄

傳〉、《文館詞林》卷669〈東晉安帝誅司馬元顯大赦詔〉以及唐許嵩《建康實錄》（上海，上海古籍，1987）卷10〈安皇帝紀〉等補。

註三一 參看佐竹昭〈中國古代における赦について──日中比較のための一試論〉，頁29。

註三二 漢帝加元服多在甲子日，尚見《晉書》卷21〈禮下〉，其云「然漢代以來，天子諸侯頗採其儀。正月甲子，若丙子為吉日，可加元服，儀從冠禮是也。」

註三三 關於八王之亂時，皇權所扮演的角色，可參看祝總斌〈前揭文〉；及福原啓郎〈西晉代宗室諸王の特質──八王の亂を手掛りとして〉（史林68卷2號，1985年3月）

註三四 關於晉宋鼎革之際，新政治勢力的形成，可參看田余慶《前揭書》，頁 288～324。川勝義雄《魏晉南北朝》（東京，講談社，1981），頁198～209，以及氏著《六朝貴族制社會の研究》（東京，岩波書店，1982），頁305～321。

註三五 參看何啓民《中古門第論集》（台北，學生書局，民71年），頁131。

註三六 東晉南朝軍權的轉移，可參看毛漢光〈五朝軍權轉移及其對政局之影響〉收入氏著《中國中古政治史論》（台北，聯經，1990），頁281～322。

註三七 有關東晉南朝形勝之地，可參看周一良《魏晉南北朝史札記‧晉書札記》（北京，中華書局，1985）頁75～82「東晉南朝地理形勢與政治條」。

註三八 少帝與輔政大臣間的矛盾，可參看呂思勉《兩晉南北朝史》（上海，上海古籍，1983），頁340。

註三九 《宋書》「京城」、「京邑」二詞，容易混淆，其實「京城」

　　　　　　　指京口，「京邑」或「京師」則指建康。「京城」、「京邑」
　　　　　　　之別，可參看周一良《前揭書》頁123〈京城與京邑條〉。

註四〇　　劉宋羽林衛隊的來源，可參看陳勇〈劉宋時期的皇權與禁衛軍〉
　　　　　　　（《北京大學學報（哲社版）》，1988-3）。

註四一　　仇池氏寇邊之事，可參看李祖桓《仇池國志》（北京，書目文
　　　　　　　獻，1986），頁62～73。

註四二　　文帝擴充東宮衛隊以備義康之說，可參看陳勇〈劉宋時期的皇
　　　　　　　權與禁衛軍〉，頁122～123。

註四三　　《宋書》卷82〈沈懷文傳〉，頁2105。

註四四　　可參看安田二郎〈「晉安王子勛の叛亂」について——南朝門
　　　　　　　閥貴族體制と豪族土豪——〉（《東洋史研究》25-4，1967）。

註四五　　據《通典》卷42〈吉禮一〉云：「建元四年，武帝繼位。明年
　　　　　　　正月，祀南郊。自茲以後，間歲而祀。」

註四六　　劉宋南郊例子甚多，多在辛日，如武帝在永初二（421）年正
　　　　　　　月辛酉日、文帝元嘉二（426）年正月辛未日、十四（437）年
　　　　　　　正月辛卯日等；間或在己日，如孝武帝在孝建元（454）年正
　　　　　　　月己亥日、明帝在泰始四（468）年正月己巳日等。（可參看
　　　　　　　《宋書》各帝〈本紀〉及〈禮志〉。）

註四七　　齊高帝建元元（479）年七月，曾令臣下商議郊祀禮儀，結果
　　　　　　　高帝接納右僕射王儉的意見。南郊在辛日，當也是用王儉之議。
　　　　　　　（可參看《南齊書》卷9〈禮志上〉）

註四八　　「三調」為南朝宋、齊、梁等王朝對民戶的徵調。「三調」的
　　　　　　　解釋，一直眾說紛紜。胡三省以為三調即調粟、調帛及雜調。
　　　　　　　韓國磐則以為「三調」就是租布，亦即按戶徵收的調粟和調布。
　　　　　　　最近方北辰提出一新解釋，以為「三調」即租、調以外，再加
　　　　　　　上徵收供給各級官員俸祿之附加稅——「祿秩」。諸家說法及

方氏新解，見方北辰〈南朝齊梁「三調」考〉（《文史》31，1988），頁87～97。

註四九　據《南齊書》卷三〈武帝紀〉，建武十（492）年十一月，武帝就以「頃者霖雨，樵糧稍貴，京邑居民，多離其弊。」因此，派中書舍人、建康、秣陵縣官往賑濟；十一（493）年五月戊辰詔書，又提到「水旱成災，穀稼傷弊」，故疑十一（493）年沿江大水災，爲十（492）年以來的霖雨所導致。

註五○　交州李叔獻之亂，可參看《南齊書》〈高帝紀〉、〈竟陵王子良傳〉、〈東南夷傳〉等。

註五一　孫權爲呂蒙頒赦之事，見《三國志・吳志・呂蒙傳》；苻堅爲王猛肆赦，參看《晉書》卷114，〈苻堅傳下〉。

註五二　《南史》卷44〈武帝諸王傳〉，頁1116。

註五三　《梁書》卷10〈蕭穎達傳〉，頁187。

註五四　東晉南朝皇帝都相當重視郊祀，均親臨主持。有關魏晉南北朝皇帝祭祀等問題，可參看金子修一〈魏晉より隋唐に至る郊祀・宗廟の制度について〉（《史學雜誌》88～10，1979）

註五五　天監郊祀禮儀改革的討論，可參看《隋書》卷 6〈禮儀志一〉，頁108～109。

註五六　《周書》卷48，〈蕭詧傳〉

註五七　武帝宗教信仰的轉變，可參看周一良〈論梁武帝及其時代〉收入《中華學術論文集》（北京，中華書局，1985），頁140～145。

註五八　《梁書・武帝紀》只記載三次捨身，但據《南史・梁本紀》，可知大同十二（546）年，武帝也曾幸同泰寺捨身。故武帝前後共四度捨身。

註五九　武帝佞佛捨身之事，可參看森三樹三郎《梁の武帝──佛教王

　　　　朝の悲劇——》（京都，平樂寺書店，1956），頁134～169。

註六〇　益州亂事，可參看《梁書》卷2〈武帝紀中〉、卷10〈鄧元起傳〉及卷20〈劉季連傳〉等。

註六一　《梁書》卷3〈武帝紀下〉記載「（大通元年）冬十月庚戌，魏東豫州刺史元慶和以渦陽內屬。」按魏東豫州治廣陵城，而非渦陽，渦陽爲魏南兗州治所。梁軍破慶和後，又破渦陽城主王偉。可能由於兩地差不多同時降梁，故史官誤以渦陽亦慶和所領。

註六二　《梁書》卷56〈侯景傳〉，頁852。

註六三　有關梁末陳初土著豪族的崛起，學者多有論及，可參看王仲犖《魏晉南北朝史》（上海，上海人民，1979），頁461～464。此外，陳寅恪更進一步指出陳朝君臣，多有出自南方少數民族者，參看氏著〈魏書司馬叡傳江東民族條釋證及推論〉收入氏著《金明館叢稿初編》（上海，上海古籍，1980），頁69～107。

註六四　陳武帝曾於永定二（558）年五月辛酉，捨身大莊嚴寺。（《陳書・高祖紀下》）文帝則於天嘉四（563）年四月辛丑，捨身太極殿前。（《南史・陳本紀・世祖紀》）

註六五　關於魏晉南北朝南郊之意義，除可參看金子修一〈魏晉より隋唐に至る郊祀・宗廟の制度について〉一文外，尚可參看氏著〈中國古代における皇帝祭祀の一考察〉（《史學雜誌》87-2，1978）。然作者並沒有注意到南郊後大赦等問題，誠屬可惜。

註六六　陳朝春夏赦宥的次數雖只有十二次，但正如前述，宣帝及後主有四次大赦是在十一月頒佈，其原因是與陽氣微動有關，故雖非春夏頒佈，但與春夏頒佈之原理一樣，即配合陽氣之流行而赦。

第四章　恩赦的效力及作用

問題所在

六朝各類赦事中，論頒佈次數之多，牽涉之廣，當推大赦一項，然而，大赦的對象及效力往往不大明確，遠不如減等、贖罪來得清楚。因此，筆者不惴拙陋，試圖分梳有關史料，歸納出一些原則，探討六朝大赦的效力究竟有多大。要討論大赦的效力，首先觸及的問題，就是大赦生效的時間問題，到底大赦是在頒佈的當天開始生效，還是在接到赦書的時候才開始生效？其次要檢討的，就是誰為大赦的受惠者？不同身分的人所受恩惠都一樣嗎？這是從正面來檢討大赦的效力。至於某些嚴重的罪行，往往是遇赦不赦的，本節也嘗試對這些罪行作一檢討，指出大赦的限制所在，也就是由反面角度來探討大赦的效力。中國皇帝頻頻肆赦的原因，一直困擾著中外學者，本章將試圖從政治、法制、社會經濟及思想等各個層面，予以檢討，提出一點粗淺的看法。

第一節　關於未結正、已結正、未擒獲、未發覺等諸問題

一、大赦的時點劃分

細檢兩漢的赦書，似乎並沒有明確訂定大赦生效的時間。個人推測頒佈赦書的當天，大赦就應當發生效力了，然而，如果再

追問下去，到底是在當天的甚麼時辰開始生效呢？這恐怕不是現存的史料可以輕易回答的。但在六朝，大赦開始生效的時間，已經有明確的規定。根據《文館詞林》卷668〈西晉武帝即位改元大赦詔〉云：

> 其大赦天下，與之更始。自謀反大逆不道已下，在命（今）
> 年十二月七日昧爽以前，皆赦除之。

據《晉書・武帝紀》，可知武帝即位之日爲丙寅日，即十七日，故疑《文館詞林》所載「十二月七日」恐爲十二月十七日之誤。晉武帝即位大赦，爲現在最早訂定明確生效時間的大赦。（註一）在十二月十七日昧爽以前，縱使犯了大逆不道等罪行，都會被皇帝所赦免。

朝廷選擇「昧爽」作爲大赦生效的時間，可能是因「昧爽」有其象徵意義。昧爽即現代人所謂的黎明，是天亮之前的一刻，亦即是從黑暗迎向光明的一刻；此外，日爲陽，夜爲陰，昧爽亦是由陰而陽的轉折，施德肆赦，正是配合陽氣流行的表現。因此，選擇昧爽作爲生效的時間，可以說是配合著陰陽的消長，象徵著迎向光明，迎向重生，也就是「與民更始」，有其特別的意義。

自從西晉初年發展出這種規定，後世各朝均沿襲不絕，如《文館詞林》卷667〈東晉海西公災眚大赦詔〉就規定「今年（太和三年）三月七日昧爽以前，謀反、大逆、手殺人以下，皆赦除之。」按《晉書，海西公紀》，可知三月七日爲海西公下詔之日。類似的例子，在南朝經常可見。其實，不只是南朝，這項規定亦爲北朝，甚至隋唐所沿襲。（註二）大赦效力發生時間之確定，對大赦之施行，影響很大，蓋時點不明確，對罪犯之赦與不赦，更無明確依據，勢必引起紛爭。

二、大赦與未結正、未擒獲、未發覺

　　大赦除了效力發生的時點須要清楚明確以外，對於甚麼人可赦，甚麼人不赦也應當有明確規定，否則官民無所適從，酷吏更可上下其手，皇帝的恩典也就無法普施於天下了。然而，細檢正史各帝本紀或《文館詞林》，可以發現有一些大赦，只簡單的書寫「大赦天下」，並沒特別注明要赦那些人，東晉安帝誅司馬元顯的大赦詔書，就只簡單書寫「其大赦天下，一依舊典」，（註三）沒有進一步指出赦免那些人，可能由於六朝大赦頻繁，故有一定的成規舊典可資依據，雖只簡單的書寫「大赦天下」，但其對象及效力，可能已爲一般人所熟知。

　　然而，有一些大赦除「大赦天下」以外，還注明赦免某些特殊罪犯。這些罪犯，除非得到皇帝特別注明寬宥，否則，在一般的大赦中，應當是不會被放免的。以下先對這些依「舊典」的大赦作一檢討，考察其對一般的罪犯的效力究有多大。爲便於討論，茲將罪犯分成四類。第一類是已被結案判刑者，第二類是已被收繫但還沒結正者，第三類是在逃的罪犯，第四類是赦前犯罪而在大赦後，其罪行才被揭發者。由於第一類罪犯主要爲死刑犯及徒刑犯，牽涉的問題比較多，爲使脈絡清晰，先檢討第二、三、四類的情況。

1. 大赦與未結正者

　　朝廷頒佈大赦時，已被收繫但還未被判刑者，其遭遇將是如何呢？根據《梁書》卷2〈武帝紀中〉云：

　　　　（天監七（508）年八月丁巳）赦大辟以下未結正者。

又《文館詞林》卷665〈梁武帝南郊恩降詔〉云：

　　　　凡罪自大辟以下，在今（天監十二（513）年春正月辛巳）

　　昧爽以前，未發覺、未結正者……皆赦除之。

又同書卷666〈梁武帝皇太子冠赦詔〉云：

　　凡罪無輕重，未結正者，皆赦除之。

可見在蕭梁時代的赦令中，對於已經進入司法程序，但尚未結案的案件，明文規定予以免訴之判決，這可說是恩赦制度的一項進步。不過，蕭梁的重要性，也只在於將這項規定法制化而已。因為，梁朝以後，大赦都會使尚未定罪的犯人得到釋放的，如《晉書》卷47〈傅祗傳〉載：

　　及（趙王）倫敗，……以禪文出中書，復議處（傅）祗罪，會赦得原。

又同書卷95〈藝術戴洋傳〉云：

　　元帝增（司馬）颺眾二千，使助祖逖。（戴）洋勸颺不行，颺乃稱疾。收付廷尉，俄而因赦得出。

又同書卷76〈王彪之傳〉云：

　　（王）彪之去郡，郡見罪謫未上州臺者，皆原散之。（桓）溫復以為罪，乃檻收下吏。會赦，免，左降為尚書。

從傅祗、司馬颺及王彪之等情況看來，似乎都尚未結案正刑，就遭逢大赦，逐得以釋放，可見在兩晉時期，尚未結案的罪犯，都會因大赦而被釋放。至於南朝的情況，似乎也是一樣，如《宋書》卷64〈何承天傳〉有兩個例子，都適足以說明這種狀況，其云：

　　時有尹嘉者，家貧，母熊自以身貼錢，為嘉償責。坐不孝當死。……事未判，值赦並免。

　　（何承天）出為衡陽內史。昔在西與士人多不協，在郡又不公清，為州司所糾，被收繫獄，值赦免。

又同書卷74〈臧質傳〉云：

　　（臧質）在鎮奢費，爵命無章，為有司所糾，遇赦。

尹嘉、何承天及臧質等三個例子，都說明劉宋時期，仍是與兩晉一樣，尚未結案正刑者，一律因大赦而得到釋放。至於蕭齊，可以從范雲的例子，推測這種規定還是沒有改變，據《梁書》卷13〈范雲傳〉云：

> 初，（范）雲與尚書僕射江祐善，祐姨弟徐藝為曲江令，深以託雲。有譚儼者，縣之豪族，藝鞭之，儼以為恥，詣京訴雲，雲坐徵還下獄，會赦免。永元二（500）年，起為國子博士。

從上引的兩晉、宋、齊例子看來，尚未結案，還沒被判刑的罪犯，都因大赦得到寬免。大約到蕭梁時代，在赦令中乃將這種慣例予以法制化，明文規定「未結正」者，皆予赦免。「未結正者，皆赦除之」之用語，在隋唐赦令中經常可看到。

2.大赦與未擒獲者

另一類要討論的，是犯案後逃亡掉的罪犯。根據《晉書》卷61〈華軼傳〉載：

> 尋而（華）軼敗，（高）悝藏匿軼二子及妻，崎嶇經年。
> 既而遇赦，悝攜之出首，（元）帝嘉而宥之。

又同書卷81〈鄧嶽傳〉云：

> 王含構逆，（鄧）嶽領兵隨含向京都。及含敗，嶽與周撫俱奔蠻王向蠻。後遇赦，與撫俱出。

此外，王華父王廞於晉安帝時為王恭所害，華隨沙門釋曇永逃竄，後遇赦還吳。（註四）可見犯法逃亡者，遭逢大赦時，會得到朝廷的寬免，因此，這類罪犯都紛紛露面了。除了晉朝以外，類似的例子尚見於南朝。劉宋元嘉末年，沈約父沈璞為孝武帝所誅，「約幼潛竄，會赦免」。（註五）宋後廢帝時，宗室景素叛亂，旋被破殺，其黨皆逃亡，值赦得免。（註六）除了劉宋，蕭齊也有

類似的例子，如《梁書》卷53〈良吏丘仲孚傳〉云：

> 齊末政亂，頗有贓賄，爲有司所舉，將收之，（丘）仲孚
> 竊逃，逕還京師詣闕，會赦，得不治。

蕭梁時代也有這方面的資料，如《梁書》卷50〈文學伏挺傳〉云：

> （伏）挺後遂出仕，尋除南臺治書，因事納賄，當被推劾，
> 挺懼罪，遂變服爲道人，久之藏匿，後遇赦，乃出天心寺。

從以上史料，可見大赦的效力是及於逃亡中的罪犯的，這類罪犯
都會因而得到赦免。大赦會寬免在逃的人犯，應是沿襲兩漢的遺
規，並非魏晉南北朝獨有之現象。（註七）

大赦雖寬免在逃的罪犯，但並不是無條件的。罪犯逃離國家
的統治網，隱藏於統治力的角落，始終是國家的一大隱憂，因此，
爲了紓解這種危機，固然需要給予赦免，使其重新爲人，但更重
要的是，國家是要將這些人口「還復民伍」，重新納入統治網中，
如此，國家才能對其實施統治，才能使其服役納稅，基於這樣的
考慮，國家就不能無條件的赦免逃犯了，因此，朝廷在頒佈大赦
的時候，附帶要求逃犯需於期限內歸罪自首。據《梁書》卷3〈
武帝紀下〉云：

> （太清元年正月壬寅）辛酉，輿駕親祠南郊，詔曰：「…
> …可大赦天下，尤窮者無出即年租調；清議禁錮，並皆宥
> 釋；所討逋叛，巧籍隱年，閹丁匿口，開恩百日，各令自
> 首，不問往罪。」

可見凡是犯有逃離戶籍地、擅改年齡或隱沒戶口者，朝廷都給予
一百天的期限讓其自首，自首後就不問往罪。若在限期內沒有自
首，其後被查獲者，將如何處置呢？梁武帝這篇詔書中，沒有特
別說明。不過，據《文館詞林》卷666〈後魏孝莊帝誕皇子大赦
詔〉，有「百日不自首，復罪如初」之語，頗疑梁朝的情況當亦

如此。罪犯在期限內不自首，國家將不會撤銷其罪名，若被逮捕，依舊會被科以同樣的刑罰。

　　從《文館詞林》、《梁書·武帝紀》所載赦書，可知梁朝自首期限，或爲百日，或爲五十日不等。其實，這種「開恩百日，各令自首」的規定，並不始於梁朝，最遲在劉宋時已有其例。據《宋書》卷3〈武帝紀下〉云：

　　（永初元年秋八月）乙亥，詔曰：「……其見刑罰無輕重，可悉原赦。限百日，以今爲始。」

宋武此詔之意思，並不很清楚，但據上引《梁書·武帝紀下》之恩赦詔書，可知宋武也是令天下有罪者，不論其罪之輕重，只要能於百日內自首，朝廷就是給予原赦。

　　蕭齊大赦，更可能採用一律百日內自首之規定。據《南齊書·武帝紀》，武帝永明元（483）年三月丙辰赦詔，有「可申辛亥赦恩五十日，以期訖爲始」之句，所指「辛亥赦恩」，當即永明元（483）年春正月辛亥南郊改元大赦一事。按辛亥大赦，並無「開恩百日，各令自首，不問往罪」一類的規定，然據三月丙辰赦詔中「可申辛亥赦恩五十日，以期訖爲始」之句，可知辛亥大赦，實有一段自首期限，頗疑即後世的百日限期。三月赦詔所指，即在辛亥赦恩的百日自首限期屆滿時，將再延長五十天。類似申赦恩的例子，尚見於高帝建元元（479）年六月甲申，以及武帝建元四（482）年六月甲申的立皇太子赦恩。（《南齊書·高帝紀》及《南齊書·武帝紀》）鬱林王即位十多天後收王融下獄，融在獄中自理云：「戊寅赦恩，輕重必宥。百日曠期，始蒙旬日，一介罪身，獨嬰憲劾」，（註八）可知鬱林踐祚時應當有頒佈大赦，以及也有開恩百日的規定。這在第二章第三節南齊赦宥概況中已有討論，茲不贅述。從高帝、武帝、鬱林王大赦時，

都有訂下百天的自首期來看,這項措施應當已被確立下來了。

3. 大赦與未發覺者

　　另一類要檢討的,就是赦前犯事,而在赦後才被舉發的,到底這些人會否因為經過大赦而免除追訴?西晉及劉宋各有一宗個案,可以證明在一般情況下,赦前事應當不會被追究。據《晉書》卷37〈宗室高陽王睦傳〉云:

> (晉武帝)咸甯三(277)年,睦遣使募徙國內八縣受逋逃、私占及變易姓名、詐冒復除者七百餘戶,冀州刺史杜友奏睦招誘逋亡,不宜君國。有司奏,事在赦前,應原。

司馬睦招誘逋亡,為冀州刺史所彈劾,然而,由於所犯在赦前,故有司以為應當予以赦免。這宗案件似乎可以說明,至少在西晉初年,赦前事是不被追究的。然而一切規定均可為皇帝所改變,晉武帝就以「此事當大論得失,正臧否所在耳。苟不宜君國,何論於赦令之間耶。」以為事態嚴重,不宜拘泥是在赦前或赦後,最後貶睦為丹水縣侯。

　　另外,據《宋書》卷81〈顧覬之傳〉云:

> 時沛郡相縣唐賜往比村朱起母彭家飲酒還,因得病,吐蠱蟲十餘枚。臨死語妻張,死後剖腹出病。後張手自破視,五臟悉糜碎。郡縣以張忍行刳剖,賜子副又不禁駐,事起赦前,法不能決。

張刳剖夫屍,子副不予制止,均犯了嚴重罪行,但因事在赦前,遂使郡縣不能判決,可以推測如果不是因為嚴重罪案,赦前事通常是不被追究。張氏剖夫案,朝廷最後採納顧覬之之議,判決「副為不孝,張同不道。」

　　從高陽王睦案及張氏剖夫案,似乎可以推測,假如赦前不是犯下極嚴重的罪案,那麼,縱使在大赦後遭人舉發,也應該不會

被判刑的。然而，正如前述，不追究赦前事是有限度的，若所犯嚴重，皇帝還是不會給予寬免的。在蕭梁以前的赦書，似乎看不到在大赦時，對於赦前所犯有何規定。及至梁武帝肆赦，始有規定對赦前事也一併赦免。據《文館詞林》卷665〈梁武帝冬至郊禋赦詔〉云：

> 天下罪無輕重，未發覺及已發覺，未擒并結正餘口繼討者，在今以前，皆赦除之。

按赦詔中有「朕臨馭兆人，懍乎十載」之句，可知此詔爲天監十（511）年所下；又既題爲「冬至郊禋」，可知當天爲天監十（511）年十一月己酉。此詔明白規定在天監十（511）年十一月己酉以前，不論是已發覺，還是未發覺的罪行，均一併赦除。又《文館詞林》卷666〈（梁武帝）重立皇太子赦詔〉云：

> 凡天下罪無輕重，已發覺、未發覺……在今年七月七日昧爽以前，皆赦除之。

類似對未發覺罪行給予赦免的規定，在梁、陳及隋唐赦書中經常可見，「未發覺、已發覺」已成赦書中的法定用語。既然赦詔中已規定未發覺之事不再追究，可以知道赦前所犯，縱使在赦後遭舉發，也不會被起訴了。其實，大赦應該是對「已發生」的罪行，而不只是對「已發覺」之罪行方才寬免，因此，梁朝這項規定，無疑是一大進步。

三、大赦與已結正者

在檢討這類的狀況以前，宜先對六朝的刑罰體系，稍作介紹。晉律的刑罰大體分爲生命刑、勞役刑以及財產刑三種。生命刑指「大辟之刑」，分別爲梟、斬及棄市三種。梟即梟首、斬即斬首、棄市即絞刑。（註九）勞役刑指耐罪，後世稱作徒刑，共有四等，

即髡鉗五歲刑笞二百、四歲刑、三歲刑以及二歲刑等。財產刑指
贖罪十等，包括贖刑五等及雜抵罪罰金五等。由於晉律修訂得相
當完備，因此，東晉、宋、齊都完全因襲晉律。（註一○）爰及
蕭梁，曾令蔡法度改訂律令，其刑罰體系，與晉律略異。死刑廢
止了斬刑，只剩下梟首及棄市二等，大罪梟其首，其次棄市；耐
罪四等及贖罪十等則一仍晉律；除此以外，梁朝新增一歲以下鞭
杖之刑，共十七等。陳朝的刑律則大抵沿襲梁律。（註一一）由
於罰金、鞭、杖之刑，多在判決後馬上執行完畢，赦恩對其應當
沒有多大影響，因此，以下主要討論大赦對徒犯及死刑犯之效力。

1.大赦與徒刑

秦漢刑徒的數量相當龐大，刑徒被役使的範圍亦相當廣泛，
舉凡官府作場及國家工程，如修陵墓、築宮殿等，刑徒都擔任相
當重要的角色，但由於西漢末年多起刑徒的叛亂，使得朝廷警覺
到不能過度的役使刑徒，遂一面減低對刑徒的依賴，一面經常赦
免刑徒，這在前文已有論述。東漢對刑徒役使的範圍，遠較嬴秦
及西漢節制，對刑徒的依賴，明顯降低。

及至漢末，國家的大型工程鮮有役使刑徒的例子，不過，較
小型的地方建設的記載，仍有役使刑徒之例，據《太平御覽》卷
642引孔融《肉刑論》云：

> 今之洛陽道橋作徒囚，於廝役十死一生，故國家常遣三府
> 請詔，月一案行。又置南甄官使者主養病徒，僅能存之。
> 語所謂洛陽豪徒韓伯密，加笞三百不中一，髡頭至耳髮詣
> 膝。此自為刑，非國法之意。

從孔融所論洛陽道橋作徒，工作艱困，竟至十死一生。朝廷亦了
解刑徒之苦況，故定期遣官案行及置官養病徒。漢之刑徒大多在
本土，有事則徵發之，故逃亡者少。（註一二）

　　爰及三國，在國家工程上對刑徒的役使，可能比東漢要來得更低，至少三國在築宮城所役使的已非刑徒，而是民夫及軍隊，如史稱曹魏明帝大治洛陽宮，百姓失農業時；（註一三）孫權改作太初宮，諸將及州郡皆義作。（註一四）此外，三國以降皇帝都採取薄葬態度，對陵墓的營建，不如兩漢皇帝奢侈，也許因此之故，對刑徒的依賴遠較兩漢爲低。（註一五）刑徒勞動力雖在國家工程的比重降低，但由於三國政府要大量生產武器、農具及絲織品，所以都重開官府作場；爲了保證官府作場原料的充足，所以金、銀、鐵、銅等坑冶的開採，都由政府控制。刑徒成爲官府作場及礦冶開採勞動力的重要來源。及至西晉時期，官府作場擴大了對百工的役使，因此，刑徒勞動力在作場所占的比重，一度下降。（註一六）西晉曾四度赦免「五歲刑以下」，正反映出國家對刑徒勞動力的依賴降低。

　　前文已有述及，晉律勞役刑共有四等，即髡鉗五歲刑笞二百、四歲刑、三歲刑以及二歲刑。徒刑最重者即爲五歲刑，但會加重刑罰。據《太平御覽》卷642引張斐《律序》云：

　　　　徒加不過六，囚加不過五，累作不過十二歲。

自注云：

　　　　罪已定爲徒，未定爲囚。五歲徒犯一等加六歲，犯六等加
　　　　爲十二歲作。

可知律文規定刑徒之刑期，最多不過十二年，這在法制史上，不啻爲一重大進步。然而，西晉以降的實際狀況眞是如此嗎？刑徒的最高刑期，是否眞的不超過十二年？刑徒的待遇又有否改善？根據《晉書》卷30〈刑法志〉所載劉頌〈復肉刑表〉云：

　　　　今爲徒者，類性元惡不軌之族也，去家懸遠，作役山谷，
　　　　飢寒切身，志不聊生，雖有廉士介者，苟慮不首死，則皆

> 爲盜賊，豈況本性奸凶無賴之徒乎？……是以徒亡日屬，
> 賊盜日煩；亡之數者，至有十數，得輒加刑，日益一歲，
> 此爲終身之徒也。自顧反善無期，而災困逼身，其志亡思
> 盜，勢不得息，事使之然也。古者用刑以止刑，今反於此。
> 諸重犯亡者，髮過三寸，輒重髡之，此以刑生刑；加作一
> 歲，此以徒生徒也。亡者積多，繫囚猥畜。議者曰：囚不
> 可不赦，復從而赦之，此謂刑不制罪，法不勝姦。下知法
> 之不勝，相聚而謀爲不軌，月異而歲不同。故自頃年以來，
> 姦惡陵暴，所在充斥。……至今恆以罪積獄繁，赦以散之，
> 是以赦愈數而獄愈塞，如此不已，將至不勝。

從劉頌的上奏中，可歸納以下數點：首先，在刑徒的勞役環境方面，兩漢刑徒多在本地服役，但西晉時，刑徒都遠離家鄉，服役於山谷中。正如前文所述，可能由於西晉官府作場擴大了對百工的役使，刑徒勞動力在作場所占的比重下降，因此，刑徒的工作，主要成爲開採礦冶，所以，才會「作役山谷」。刑徒的工作環境既差，且又遠離家鄉，使刑徒「饑寒切身」，遂致「志不聊生」。其次，就刑期而言，由於刑徒工作環境惡劣，致使相繼逃亡，不幸被捕獲的，當然會被加重刑期以作處分，因而有「終身之徒」。「終身之徒」的出現，不啻完全抵觸了張斐所謂「徒加不過六，累作不過十二歲」之刑律規定。第三，刑徒與大赦的關係。由於刑徒原來的工作環境不好，加上逃亡被捕獲後，刑期加重，更使監獄負荷愈加繁重，如何解決這個問題呢？朝廷不得不經常肆赦，予以紓解。在下者知道朝廷經常頒赦，也就心存僥倖，謀爲不軌，致使「姦惡陵暴，所在充斥。」愈赦得多，治安反而愈壞，監獄因而更爲繁積。爲建立刑罰的特別預防和威懾作用，劉頌乃主張恢復肉刑以代替徒刑。

　　劉頌接著又提出「應四五歲刑者，皆髡笞，笞至一百，稍行，使各有差，悉不復居作」之意見，對刑徒各施以笞刑，然後予以遣散。劉頌之意見，正透露一項重要的訊息，就是在劉頌的時代，國家支配的勞動力中，刑徒已不佔很高的比重了。正如前述，秦漢刑徒主要被役使的範圍是國家的工程以及官府作場，及至西晉，刑徒在這兩類工作所占比重大幅下降，時人或許已不感刑徒對國家勞動力有何舉足輕重的地位，因此，才有廢除徒刑，恢復肉刑的倡議。（註一七）其實，從後漢至劉宋，是否該恢復肉刑，一直是朝廷爭辯不休的問題。其中尤以漢末三國時期，參與肉刑論戰者人數最多。愚意以為肉刑論戰的一大背景，恐怕就是國家對於刑徒勞動力的依賴，已大幅度的減低，才會有漢末的袁宏及曹魏的李勝主張以肉刑代替徒刑的議論，（註一八）西晉的劉頌也是在這種客觀環境下，主張廢徒刑而行肉刑的。

　　東晉時，對於百工的徵發，出現困難。《晉書》卷80〈王羲之傳〉云：

> 自軍興以來，征役及充運死亡叛散不反者眾，虛耗至此，而補代循常，所在凋困，莫知所出。……又有百工醫寺，死亡絕沒，家戶空盡，差代無所，上命不絕，事起或十年、十五年，彈舉獲罪無懈息，而無益實事，何以堪之！謂自今諸死罪原輕者及五歲刑，可以充此，其減死者，可長充兵役，五歲者，可充雜工醫寺，皆令移其家以實都邑。

王羲之以為要有效補充兵役及百工的缺額，最好是利用減死者及刑徒。這或許是因襲兩漢的故智。東晉有否採納王羲之的意見，不得而知。然而，如果兵源及作坊的勞動力沒法解決，朝廷勢必只有役使刑徒一途而已。劉宋以降，官府作坊及坑冶的勞動力，就完全得仰賴刑徒了。

　　據《宋書》卷39〈百官志〉，少府所屬官有左、右尙方，並掌造軍器；東、南冶掌工徒鼓鑄；平準則掌染織。少府所掌的各官署，其工作應爲刑徒所擔任。除了屬於中央機構的作場以外，地方設置的公開或私置的作場也很普遍，這些所謂的「作部」，每年應向中央繳納一定的器物，如沈攸之鎮荊州時，荊州作部每年便須上繳數千人的武器，可見荊州作部規模之大。（註一九）此外，據《宋書》卷45〈劉粹傳〉及卷79〈竟陵王誕傳〉，可知豫州及廣陵均有作部；又《宋書》卷45〈劉道濟傳〉知益州也有立冶，且禁斷民間私鑄。劉誕起兵反叛時，「焚兵籍，赦作部徒繫囚。」黃回兵敗被錄付江州作部，遇赦得原。（《宋書·黃回傳》）可見這些地方的冶及作部，其勞動力主要應爲刑徒。

　　政府既一時無法解決兵源、作場及工程的勞動力不足的問題，只好仰賴僱役及刑徒來補充。（註二〇）朝廷對刑徒的依賴既日益加深，就需要長期及固定的掌握這些刑徒，因此，就出現大量的「長徒」。「長徒」一詞，據《北齊律》云：「其不合遠流者，男子長徒，女子配舂，並六年。」（註二一）可知「長徒」爲六年制，但似乎不必拘泥只有六年刑才稱爲「長徒」，六年刑以上的應當都可稱作「長徒」，恐怕有一些甚至是終身刑。據《宋書》卷81〈劉秀之傳〉云：

> （大明）四年，改定制令，疑民殺長吏科，議者謂值赦宜加徙送，秀之以爲：「律文雖不顯民殺官長之旨，若值赦但止徙送，便與悠悠殺人曾無一異。民敬官長，比之父母，行害之身，雖遇赦，謂宜長付尙方，窮其天命，家口令補兵。」從之。

可知平民殺害長吏，其嚴重程度，相當於殺害父母，因此，雖遭大赦，仍需終身收繫於尙方服役，其家口則補兵。「長徒」的服

役年限較一般徒刑犯長，此外，也不容易被赦免，這將在下文再
作討論。

　　及至梁朝，不單是坑冶及官府作場，甚至是國家工程的主要
勞動都是依賴刑徒。據《隋書》卷26〈百官志上〉載，蕭梁時期
少府所屬編制擴大，有材官將軍、左、中、右尚方，甄官、平水
署、南塘邸、稅庫、東西冶、中黃、細作、炭庫、紙官、柴署等
令丞，除了少數機構以外，絕大部分是各類作場。又《隋書》卷
25〈刑法志〉：

　　（梁武）帝銳意儒雅，疏簡刑法，自公卿大臣，咸不以鞫
　　獄留意。姦吏招權，巧文弄法，貨賄成市，多致枉濫。大
　　率二歲刑已上，歲至五千人。是時徒居作者具五任，其無
　　任者，著斗械。若疾病，權解之。是後囚徒或有優劇。大
　　同中，皇太子在春宮視事，見而愍之，乃上疏曰：「……
　　切見南北郊壇、材官、車府、太官下省、左裝等署上啓，
　　並請四五歲已下輕囚，助充使役。自有刑均罪等，愆目不
　　異，而甲付錢署，乙配郊壇。錢署三所，於事為劇，郊壇
　　六處，在役則優。今聽獄官詳其可否，舞文之路，自此而
　　生。……」帝手敕報曰：「頃年以來，處處之役，唯資徒
　　謫，逐急充配。若科制繁細，義同簡絲，切須之處，終不
　　可得。引例興訟，紛紜方始，防杜姦巧，自是為難，更當
　　別思，取其便也。」竟弗之從。

從太子（即簡文帝）之疏，可見刑徒被役使的範圍，相當廣泛。
從錢署、郊壇、材官，均求刑徒以助役。武帝「頃年以來，處處
之役，唯資徒謫，逐急充配」一語，更說明了當時政府能掌握的
勞動力，相當有限，致使國家的作場及工程，都仗賴刑徒的勞動。
為取得刑徒的勞動力，政府不斷製造更多的刑徒，故每年二歲刑

以上，竟至五千人。

　　附帶一提的是，據南朝史料所見，減死補冶爲僅次於死罪的刑罰，故類多犯下嚴重罪行者。宋初王韶之的上奏，就提到：「臣尋舊制，以罪補士，凡有十餘條，雖同異不紊，而輕重實殊。至於詐列父母死、誣罔父母、淫亂破義及劫，此四條，實窮亂抵逆，人理必盡，雖復殊刑過制，猶不足以塞莫大之罪。」（註二二）可知犯下詐列父母死、誣罔父母、淫亂破義及劫等四項重罪爲首的十餘項罪行，都會被配補冶。

　　「詐列父母死」一項，在《唐律》被列入十惡中的不孝罪。按疏議云：「『詐稱祖父母父母死』謂祖父母、父母見在而詐稱死者。若先死而詐稱始死者，非。」（註二三）「誣罔父母」即欺騙父母，漢代有「誣罔」罪，爲不道罪之一，即欺騙天子之罪（詳下），晉朝荀販及庾專分別以誣罔朝廷被免官及除名。（註二四）此處之「淫亂」當爲唐律十惡中之「內亂」罪；「破義」，即十惡中之「不義」罪。劫罪則是從強盜罪分離出來，（註二五）由於劫是結伙行劫，人數較多，危害較大，因此對劫的犯罪，一般均科以較嚴的刑罰，且晉末新制規定「凡劫身斬刑，家人棄市」，（註二六）似乎還有加重刑罰。雖是如此，其與不孝、不道等罪相比，仍較輕微，所以宋武帝、宋明帝均曾以劫科峻重，而予以減輕。（註二七）又《隋書》卷25〈刑法志〉所記《梁律》云：

> 劫身皆斬，妻、子補兵。遇赦降死者，黥面爲劫字，髠鉗，補冶鎖士終身。其下又謫運配材官冶士、尚方鎖士，皆以輕重差其年數。其重者或終身。

按此可知在梁朝凡是參與劫的，即不分首從，一律斬首，妻、子補兵。若遇赦，則在面上刺一劫字，以漆塗之，此外，還要髠其髮，鉗其足，終身服役於礦坑、冶金等。

如上所述，補冶所犯嚴重罪行者，有詐列父母死等十餘項罪行；甚至有謀殺夫之父母者；（註二八）或有如《宋書·劉秀之傳》所載的「民殺長吏」者，由於所犯嚴重，適逢朝廷大赦，才得以免死補冶，且多為長徒鎖士。故長徒鎖士可能集中於冶署服役，冶署之工作當亦主要為長徒所擔任。

大赦時對刑期不同的刑徒，就有不同的待遇了。據史料所見，所謂的「長徒鎖士」，縱使是大赦也不會得到赦免的。據《文館詞林》卷668〈宋武帝即位改元大赦詔〉云：

> 可大赦天下，改元熙二年為永初元年。賜民爵二級。鰥寡孤獨不能自存者穀五斛。逋租宿債勿復收。其有犯鄉論清議，贓污淫盜，一皆盪滌，洗除先注，與之更始。長徒之身，特皆原遣。亡官失爵，禁錮奪勞，一依舊准。

又《文館詞林》卷668〈宋孝武帝改元大赦詔〉云：

> 可大赦天下，凡諸長繫，六十以上，悉皆放遣。奚官奴婢，年同此者，免為平民。

對「長徒繫」的赦免，尚見於宋孝武帝、宋明帝、齊高帝、梁武帝的踐祚大赦中。（註二九）若長徒在一般的大赦中就可得到赦免，那麼，皇帝也不必在這些特別的情況下，特別注明要赦免「長徒」了。因此，一般的大赦，可能只是釋放五歲刑以下而已，長徒是要在皇帝特別許可下，方得赦免。

2.大赦與死刑

漢延康元（220）年冬十月庚午，魏王曹丕篡位自立，並下詔曰：

> 大赦天下。自殊死以下，諸不當得赦，皆赦除之。
>
> （註三〇）

文帝大赦，有兩點可注意的，首先就是「殊死」一詞是甚麼意思？

在西晉惠帝及東晉穆帝的赦書中，也有「其大赦天下。自殊死以下，皆赦除之」之語，（註三一）了解「殊死」之意，方能掌握這些大赦的效力到底有多廣。其次，從「諸不當得赦」一句，可見赦是有其限制的，有些罪行原先是「不當得赦」的，不過，文帝這次開國大赦，效力很大，連這類不得赦者，也予以赦免。關於「不當得赦」的罪行，將在下文檢討，現在先對「殊死」一詞作說明。

「殊死」一詞在漢代赦令中經常出現，但「殊死」在刑罰上可有多種處置，（註三二）但六朝「殊死」當明顯地指斷首之刑。據《北齊律》死刑有四：重者轘之；其次梟首；其次斬刑，殊身首；其次絞刑，死而不殊。可知殊、不殊為斷首刑與不斷首刑之分，義甚明顯（註三三）。晉律死刑有三：梟首、斬首、棄市，「殊死」當指梟、斬之刑。晉張斐《注》云：「梟首者惡之長，斬刑者罪之大，棄市者死之下。」（註三四）可知凡殊死者，均犯下嚴重罪惡。連殊死這些重罪都被赦，則大赦的涵蓋面算是很廣。筆者推測，除非皇帝赦書中有特別注明赦殊死以下，否則在一般的「大赦天下」，殊死者因所犯較嚴重，應不會得到寬免的。

至於棄市方面，據《晉書》卷30〈刑法志〉所錄蔡廓駁肉刑議云：

> 至於棄市之條，實非不赦之罪，事非手殺，考律同歸。

可知棄市罪並非最嚴重之罪行，是可以赦免的。又《晉書》卷69〈劉隗傳〉云：

> 丞相行參軍宋挺，本揚州刺史劉陶門人，陶亡後，挺娶陶愛妾以為小妻。建興中，挺又割盜官布六百餘匹，正刑棄市，遇赦免。

從宋挺案可知晉律對官吏贓污瀆職之罪，處分極嚴，宋挺利用職

權割盜官布六百匹，即被判處棄市，然適逢大赦，才得以免死。建興爲晉愍帝年號，共四年，史文既稱建興中，其事當在建興二、三年間，愍帝在建興二、三年均曾大赦，不知宋挺是遇到那一次。總之，從這案例，可知被判了棄市罪者，可因大赦而得寬免。此外，據〈劉隗傳〉載，宋挺在遇赦後，奮武將軍阮抗請爲長史，結果爲劉隗所劾，隗以爲挺傷人倫之序，當除名並禁錮終身。顯然宋挺遇赦後，沒有被除名，可見大赦效力之強。筆者推測，在六朝大赦中，若只單純說「大赦天下」，應當赦絞縊以下，也就是赦棄市以下；若是注明「赦殊死以下」，則應赦免梟首、斬首等嚴重罪行以下者，當包括絞縊在內。皇帝大赦經常連「謀反大逆手煞人以下，皆赦除之」，其所寬免的對象就更多，這將在嚴重罪行部分有所討論。

　　經過大赦後，大體上全國罪犯的刑罰都被赦免，回復平民身份了，對他們而言，大赦當然是一大喜訊。可是苦主一定心有不甘的，他們或是財物被搶奪，或是至親被殺害，好不容易才把凶徒繩之於法，卻沒料到皇帝竟然赦免了他們。既然王法沒有替他們申冤，那麼只好私自復讎了。兩漢大赦特盛，而復讎之風也非常熾烈，兩者或許有其相關性。

　　魏晉時期，統治者了解到私人復讎的行爲，牴觸到王法的尊嚴，希望民間一切紛爭當定奪於王法之前。朝廷常常大赦，也著實顧慮到受害者家屬會向被赦者私自報復，故此，曾三令五申禁止復讎。如曹魏文帝就曾下詔：「喪亂以來，兵革未戢，天下之人，互相殘殺。今海內初定，敢有私復讎者皆族之。」（註三五）又《魏律》也規定「會赦及過誤相殺，不得報讎，所以止殺害也。」（註三六）朝廷爲了減少人民相殺，明文規定大赦後或是過誤相殺，苦主不得向罪犯報復。

　　除了法令禁止復讎外，政府更想出其他辦法加以防止。這就是「徒送」制度。據《宋書》卷55〈傅隆傳〉：

　　　　時會稽剡縣民黃初妻趙打息載妻王死亡，遇赦。王有父母及息男稱、息女葉，依法徙趙二千里外。（傅）隆議之曰：「……舊令云：『殺人父母，徒之二千里外。』」

又《宋書》卷51〈宗室劉義慶傳〉云：

　　　　時有民黃初妻趙殺子婦，遇赦應徒送避孫讎。

此事雖發生於劉宋時，然傅隆續提到「舊令云：殺人父母，徒之二千里外。」此中舊令疑即晉令，晉朝可能已有這種制度。黃初妻趙打死兒媳，遇赦，應避孫讎。其原因就是，殺人父母，依法應避死者子女復讎，故須徒二千里。其目的之一就是擔心兇手會受到報復，故將其遷至遠方，使苦主無法尋讎。又據前引《宋書》卷81〈劉秀之傳〉，可知此制度當時稱作「徒送」。愚意以爲「徒送」之制，或源於漢朝。據《周禮‧地官‧調人》，鄭司農解釋「調人」時提到「今二千石以令解仇怨，後復相報，宜徒之。」也許這就是六朝「徒送」制度的濫觴吧。

第二節　　恩赦與恩賜

　　以上所論，爲大赦對於罪犯的效力，一般而言，只要所犯並不嚴重，都可因皇帝大赦而得到寬宥，六朝時期，赦宥頻仍，若就「赦」一項而言，幾乎是每年都有，若只就大赦而談，則平均不到兩年就有一次，罪犯經常可沾到皇帝的恩德，這對罪犯而言，當然是一大喜訊。然而，皇帝的大赦是一種範圍廣，程度深的恩典，並不單單只施恩與罪犯而已，若施恩的範圍只局限於罪犯，豈非很不公平？蓋罪犯觸犯了王法，理應受國家的制裁，若皇帝

經常只施恩於罪犯，豈非對一般守法的良民不公？因此，大赦除了對犯人寬宥以外，經常也照顧到一般的良民，如此才算是普澤萬民。但非常可惜的是，一般學者論中國赦制時，都或多或少的局限於大赦對刑罰權的效力，而忽略了恩赦對罪犯以外者的賜予。本節將對中國赦制這方面的特質作一分析檢討，使對中國赦制的各個面相，有更清楚的瞭解。

　　其實，兩漢皇帝大赦時，就已經把眼光放在全民身上，而不單只注意到罪人而已。大赦時，或賜諸侯黃金；或賜吏民爵；或免百姓租稅、逋貸；也有幾次一面大赦，一面詔舉人才。（註三七）然而，不知是否史有闕文，還是另有原因，總之，魏、蜀、吳每次頒赦都沒有提到對官民有何賜與。曹魏唯一的一次在肆赦時給予百姓恩賜，是在景元四（263）年十二月，特赦新降的益州士民以及復除租賦之半五年。（註三八）三國並不是不施恩的政權，魏黃初六（225）年二月，文帝曾遣使問民疾苦，賑貸貧者。（《魏書‧魏書‧文帝紀》）明帝太和元（227）年及青龍元（334）年，均曾賜爵與寬免鰥寡孤獨租賦。（《魏書‧魏書‧明帝紀》）不過，三國政權在這方面的肆恩，自然是比不上兩漢。但是，筆者注意的地方，在於為甚麼兩漢肆赦會配合施恩於百姓，三國政權卻從不對罪犯及非罪犯一併施恩？三國不像兩漢般常常免租稅等，是否意味著漢末以來社會經濟瘡夷未復，故無力施恩呢？

　　兩晉南朝的情況就不一樣了。據《晉書》卷3〈武帝紀〉武帝泰始元（265）年十二月即位大赦詔曰：

> 於是大赦，改元。賜天下爵，人五級；鰥寡孤獨不能自存者穀，人五斛。復天下租賦及關市之稅一年，逋租宿負皆勿收。……（丁卯）其餘增封進爵各有差，文帝普增位二

等。

這篇赦書除了給予罪犯救恩以外，還包含了種種恩典；就爵位榮譽方面，對皇族增封進爵，對文武官吏「增位二等」，對天下萬民賜民爵五級；在實際物質方面的恩惠，是免除天下一年的租賦及關市之稅；此外，對於生活困乏的人也給予特別恩惠，而不追討其積欠政府的「逋租宿債」；對於生活環境極度困苦者，如鰥寡孤獨不能自存者，則賜予每人穀五斛。同時賜予如此多項的恩惠，在其他時候並不多見，但這些恩惠卻經常可在兩晉南朝的赦書中看到，其中「增文武位」、免逋租宿負及賜穀或布帛於孤寡不能自存者，更是此時期恩惠的一大特色。

　　「賜鰥寡孤獨高年米」的數量，大體上歷西晉以至南朝，多為穀五斛或米二斛。大赦時賜穀五斛者，在兩晉時有西晉武帝泰始元年、永寧元年、升平元年、五年、太和六年、咸安元年、寧康三年、太元五年、義熙元年，在南朝有劉宋武帝永初元年、文帝元嘉十年、十四年、二十四年、二十六年、孝武帝孝建元年、後廢帝元廢二年，蕭齊高帝建元元年、和帝中興元年、蕭梁武帝天監元年、陳武帝永定元年、文帝天嘉元年、六年、宣帝太建元年、十四年、後主至德二年等，五斛穀或米二斛可供一人食用多久呢？按六朝穀或粟多指稻穀，米指稻米。一石稻穀可舂出米五斗。（註三九）可知穀五斛與米二斛其實相去不遠。據《宋書》卷61〈劉義季傳〉云：

> 隊主續豐母老家貧，無以充養，遂斷不食肉。義季哀其志，給豐母月白米二斛，錢一千。

又卷86〈劉恬傳〉載劉恬北伐事宜，提到「二萬人歲食米四十八萬斛，五年合須米二百四十萬斛。」平均二萬人每月食米四萬斛，則每人每月平均食米二斛，可知其時人平均食量為米二斛。那麼，

大赦時賜給孤寡者的穀五斛或米二斛，其實都只夠一人食用一月而已。（註四○）

　　除了賜鰥寡孤獨以外，兩晉南朝大赦時，最常配合的就是「增文武位」。這種恩惠首見於前引晉武帝之即位大赦，以後每逢大赦時，朝廷常會「增文武位」，以作爲對文武官的一種賞賜。兩晉共有十三次；宋有八次；齊有五次；梁有三次；陳有五次。兩晉多稱作「增位」；南朝多作「賜位」，或作「進位」。其單位有時作「等」，有時作「級」，朝廷賞賜的數量，或爲一等，或爲二等，沒有超過二等之紀錄。究竟「增文武位」是甚麼恩惠？筆者初步推測，以爲「增文武位」當爲賜文武官員爵位。

　　根據《晉書》卷47〈傅祗傳〉云：

　　　及（武）帝崩，梓宮在殯，而太傅楊駿輔政，欲悅眾心，議普進封爵。祗與駿書曰：「未有帝王始崩，臣下論功者也。」駿不從。

又《晉書》卷4〈惠帝紀〉云：

　　　（太熙元年）夏五月辛未，葬武皇帝於峻陽陵，丙子，增天下位一等，預喪事者二等。

可見武帝崩，楊駿輔政，爲收攬人心，欲使天下普進封爵，傅祗就此事向楊駿進諫，但不爲駿所納。結果，武帝下葬於峻陽陵的五天後，楊駿就「增天下位一等，預喪事者二等。」所謂的「增天下位」，當即上引〈傅祗傳〉中的「爵」位。此外，據《晉書》卷71〈熊遠傳〉云：

　　　及中興建，帝欲賜諸吏投刺勸進者加位一等，百姓投刺者賜司徒吏，凡二十餘萬。（熊）遠以爲「秦漢因赦賜爵，非長制也。今案投刺者不獨近者情重，遠者情輕，可依漢法例，賜天下爵，於恩爲普，無偏頗之失。可以息檢覈之

　　煩，塞巧僞之端」。帝不從。

元帝踐祚後，欲給予投刺勸進者封賞，對吏是加位一等，對百姓則賜爲司徒吏，總計有廿萬人受惠。熊遠以爲這種大赦賜爵的制度，並不是好的制度，再加上現在只施恩於投刺勸進者，更造成「近者情重，遠者情輕」的不公平現象，最好還是效法兩漢普賜天下爵，則一方面可以一視同仁，較爲公平；另方面，政府也不須要耗費大量人力來檢覈受賜爵者的身分。從熊遠這段話，也可以看出「加位一等」，當即賜爵一等之意。

　　爰及南朝，皇帝大赦時，經常會「文武賜位」或「文武進位」，有時則稱作「文武賜爵」，雖然用語小異，但其意思當是一樣。《宋書・文帝紀》元嘉十七（440）冬十月戊午，文帝誅劉湛及其黨後，大赦天下，並「文武賜爵一級」；同樣記載亦見於《建康實錄》，但在事後除了大赦外，是「文武賜位二等」，（註四一）其數量雖然不同，但這兩者應是一樣，即均爲賜文武官官爵。不過，在作「賜位」或「進位」的情況時，其單位多爲「等」；若用「賜爵」時，其單位則多以「級」來稱呼。

　　不管是「增位」、「賜位」或「進位」，其賞賜的時機，雖多與大赦同時頒賜，但有一點必須注意的，就是其背景多爲皇室發生喜慶大事，鮮少增位是在災異或凶事之後頒佈的。所謂皇室喜慶之事，主要是指踐祚、加元服、立后、立太子等。踐祚賜位的例子，有晉武帝泰始元（265）年、晉明帝太寧三（325）年及宋文帝元嘉元（424）年等；加元服賜位之例，有晉成帝咸康元（335）年、穆帝升平元（357）年、安帝隆安元（397）年；因立后而賜位，有晉成帝咸康元（335）年、孝武帝寧康三（375）年；立太子而賜位，有晉孝武帝太元十二（387）年、宋文帝元嘉六（429）年等。（各見正史諸帝本紀）可見賜位雖然

常常與大赦一起頒降，但其性質似乎比較單純，主要是皇室發生喜事，皇帝乃賜文武爵位以示同慶。

前引晉武帝即位大赦詔中，尚有「賜天下爵，人五級」。這裡所謂的「爵」是指「民爵」。經常賜天下吏民爵，可說是兩漢歷史很大的特點，其中有卅一次賜吏民爵是與大赦配合一起頒佈的。據西嶋定生氏的研究，以爲赦天下與賜民爵是皇帝實施「個別人身支配」的措施。（註四二）爵是一種身份的象徵，共有二十等，有爵者可以減罪及免租稅。（註四三）賜爵的對象是官吏及庶民，由於罪犯與奴婢是生活在「禮」之外，所以是沾不上皇帝這項恩德的。赦的意義就是將罪犯重新編進這個社會，也就是所謂的「與民更始」，以後他們才能繼續沾到皇帝的恩德。此外，皇帝又以爵賞賜給庶民，透過爵賞構成秦漢帝國鄉里新秩序。皇帝對社會秩序加以承認、保證，從而規律化，達到「個別人身支配」。（註四四）

二十等爵在秦漢社會可能扮演過重要的角色，不過，其重要性不斷下降，兩漢賜民爵一般只賜一級或兩級，像晉武帝一次賜民爵五級，可謂歷史上僅見，從這點也可看出在西晉時代，民爵不如東漢以前那麼珍貴了。民爵不受重視的現象，在漢末魏初王粲的〈爵論〉中，已經明白指出，其謂：

> 依律有奪爵之法。此謂古者爵行之時，民賜爵則喜，奪爵則懼，故可以奪賜而法也。今爵事廢矣，民不知爵者何也，奪之民亦不懼，賜之民亦不喜，是空設文書而無用也。（註四五）

三國兩晉皇帝雖也有幾次賜爵的紀錄，但與兩漢頻頻賜爵的情況相比，可以看出時代畢竟已經變了。人民對有爵無爵顯得漫不在乎，奪之不懼，予之不喜，既然爵制已經喪失其功能，政府也就

不常「賞賜」了。原來在兩漢都應是賜爵的場合，但在兩晉都由「增文武位」來代替了，賜爵的對象從一般平民，轉換到文武百官。若東晉元帝的即位發生在兩漢，當會普賜天下民爵，然而，雖有熊遠向元帝提出普賜天下爵之要求，元帝最終還是沒有接受。誠如康樂氏所說：「民爵在當時似乎已不被視爲具有酬庸的價值。」（註四六）畢竟時代不一樣了，民爵所扮演的角色已非兩漢時那麼重要。

　　然而，南朝自劉宋開始，卻又經常賞賜民爵，劉宋有十二次；蕭齊有六次；蕭梁有廿一次；陳朝有十六次。（註四七）賜爵之次數雖多，但全國性、普遍性的賜爵則仍然很少。全國性、普遍性的賜爵，多在皇帝踐祚時頒佈，如宋武帝永初元年、宋明帝泰始元年、齊高帝建元元年、梁武帝天監元年、陳武帝永定元年均曾因即位大赦，並賜民爵二級。其他賜爵的時機主要是在吉禮及嘉禮而頒佈。吉禮主要指藉田及南郊，通常在吉禮後的賜爵，都不是全國普遍性的賜爵，多是賜予特定對象，如「孝悌力田」者，宋明帝泰始五年、後廢帝元徽四年；梁武帝天監十三年、十八年、普通四年、大通元年、中大通元年等均是在祠南郊或藉田後頒賜的。嘉禮賜爵時，通常是立太子，在這種情況下的賜爵，多爲針對「爲父後者」而賜。爲父後者就是家庭的未來繼承人，太子本人也是未來帝國的繼承，故在立太子時，賜爲父後者爵，可能是希望二者產生某種聯繫吧。

第三節　重罪問題的處理

一、從特別的赦談重罪

　　細檢正史各帝本紀或《文館詞林》所收錄之赦書，可以發現有一些大赦，只簡單的書寫「大赦天下」而已，但有一些卻是大赦天下以外，還有注明赦免一些特殊的罪犯，這些罪犯除非是得到皇帝特別注明，否則，在一般的大赦中，是不會被放免的。以下將檢討這些特別的大赦。根據《文館詞林》卷668〈西晉武帝即位改元大赦詔〉云：

　　　　其大赦天下，與之更始，自謀反大逆不道已下，在命（今）
　　　　年十二月七日昧爽以前，皆赦除之。

赦詔規定這次大赦的範圍，是從「謀反大逆不道已下，皆赦除之。」其涵蓋範圍當比一般的「大赦天下」更要廣泛。「謀反大逆不道」，究何所指？個人以爲，晉武帝赦詔中的「謀反大逆不道」，其概念當是沿襲兩漢而來。

　　漢代「不道」罪是範圍很寬的概念，是許多項嚴重罪行的總名稱，其包括大逆、誣罔、罔上、迷國、誹謗、狡猾、惑衆、虧恩、奉使無狀等罪行。其中以大逆不道最嚴重，因爲其他各項雖損害到皇帝的尊嚴及其恩惠，且妨礙國政的正常運作，但大逆不道卻是具有一、取代現在的天子，或加害於天子的身體的企圖及行爲；二、破壞宗廟及器物；三、危害天子的後繼者的企圖及行爲。犯大逆不道罪者是試圖傾覆社稷，推翻現在的政權，這比其他不道罪遠爲嚴重，此外，漢代的大逆罪與謀反罪，尚未分化，謀反爲大逆之最重者，謀反大逆也就是不道罪中之最嚴重者。（註四八）「謀反大逆不道」既然是極嚴重的罪行，若非晉武帝踐祚，在一般的大赦，是不會被赦免的。

　　在唐律中，謀反罪與大逆罪已經分化，謀反、大逆分居十惡之首次位。按《唐律疏議》釋「謀反」爲「謀害社稷」；「謀大逆」爲「謀毀宗廟、山陵及宮闕」。（註四九）其意義即是從漢

律的大逆不道罪中分化出來的。

據《文館詞林》卷667〈東晉海西公災眚大赦詔〉云：

> 其大赦天下，與物更始，今年三月七日昧爽以後，謀反大
> 逆手煞人以下，皆赦除之。

其用語與晉武帝時略有改動，武帝赦詔是「謀反大逆不道以下」，
海西公之赦詔改爲「謀反大逆手煞（殺）人以下」，類似的用語
尚見於東晉孝武帝及安帝之赦詔中，（註五〇）反而晉武帝赦詔
中的「謀反大逆不道以下」之用語，卻不復再見。「手殺」疑即
親手殺人，屬於嚴重罪案。晉安帝元興末，蔡廓論肉刑謂「至於
棄市之條，實非不赦之罪，事非手殺，考律同歸，輕重均科，減
降路塞。」（註五一）可知「手殺」應爲嚴重罪行，是爲不赦之
罪。至於「謀反」、「大逆」是否已經分化，是否接近唐律而分
爲兩個不同的概念，則尚有待進一步的考察。

上引晉武帝踐祚大赦詔書，在《晉書》卷3〈武帝紀〉中亦
有部分收錄，且提到「除舊嫌，解禁錮，亡官失爵者悉復之」，
則爲《文館詞林》所無。所謂「禁錮」，即禁止爲官，兩漢被禁
錮者的地位是較一般平民爲低。（註五二）降及晉朝，是否如此，
不得而知。不過《晉令》曰：「犯免官，禁錮三年。」（註五三）
據此可知犯免官罪者，無不禁錮，三年當是年限之最少者，有三
年以上，甚至禁錮終身。（註五四）被禁錮者，若非年限已滿，
或皇帝特別赦免，是沒有做官的權利。所謂特別赦免，並非平常
一般的大赦，而是皇帝在大赦詔書中特別注明「解禁錮」者，否
則，若一般的大赦即可予以赦免，則三國兩晉大赦頻繁，被禁者
早已獲得赦免，武帝也不必特別聲明「解禁錮」了。其實如果細
檢史文，會發覺赦令中的解禁錮，仍然有某一類人還是不被赦免
的，例如，武帝於泰始元（265）年十二月即位大赦時「解禁錮」，同

月乙亥又除魏氏宗室禁錮，又於次年二月，除漢宗室禁錮。若當初的大赦已包含漢魏宗室，也不必在後來再解除了。

類似武帝解禁錮之恩典，尚見於宋武帝踐祚大赦，據《文館詞林》卷668〈宋武帝即位改元大赦詔〉云：

> 可大赦天下，改元熙二年爲永初元年。賜民爵二級。鰥寡孤獨不能自存者，人穀五斛。逋租宿債勿復收。其有犯鄉論清議，贓污淫盜，一皆盪滌洗除，與之更始。長徒之身，特皆原遣。亡官失爵，禁錮奪勞，一依舊典（本紀典作准）。

可見宋武帝即位時，亦如晉武帝赦免禁錮者。其赦書云「一依舊典」，不知舊典何指，故無法知悉被禁錮者遭赦免的具體狀況。不過，類似解除禁錮的恩典，尚見於宋明帝、齊高帝、梁武帝及陳武帝踐祚大赦中。（各見諸帝本紀）

宋武帝此篇赦書中，最惹人注目之處爲赦免「犯鄉論清議」。類似的恩典，尚見於宋孝武帝、宋明帝、齊高帝、梁武帝及陳武帝踐祚大赦中。然而，今存的兩晉大赦詔書，卻不見盪滌洗除鄉論清議。從是否盪滌鄉論清議，可發現兩晉南朝時代的轉變。

自曹魏陳群創設九品官人法後，中正尋訪鄉論清議，以品評升降人才，再由吏部敍用。鄉論清議代表一股社會的輿論，州都郡正則代表著中央及地方高門大族的勢力，兩晉是高門大族勢力高張的時代，鄉論清議的力量相當強大，士大夫必須受其約束，皇帝大赦不能也不敢隨意寬宥觸犯鄉論清議者。及至劉裕憑北府勁旅簒晉稱帝，將原先握於高門大族手中的政治軍事權力，收歸皇帝所有。劉宋之皇權遠非東晉之可比擬，這在前文已一再論及，宋代以降，皇帝大赦一再盪滌鄉論清議，正是反映了皇權逐漸鞏固，代表高門大族的中正勢力相對削弱，原先該由社會勢力負責管理，皇帝無容置喙的鄉論清議，皇帝都可憑一紙赦詔，予以寬

宥。（註五五）

　　此外，除非是皇帝有特別注明，否則，被流放者是不容易因大赦而還鄉的。據《宋書》卷6〈孝武帝紀〉孝建二（455）年九月庚戍詔云：「在朕受命之前，凡以罪徙放，悉聽還本。」在此之前的孝建元（454）年春正月己亥、秋七月丙辰均曾大赦天下，若這兩次大赦都能使被徙者還鄉，則孝武時已無任何「在受命之前以罪徙放」了。曹魏嘉平六（254）年二月，司馬懿誅李豐等，其女李氏遭流徙，一直到武帝踐祚時，李氏才以大赦得還，（註五六）武帝踐祚以前，曹魏已曾七度大赦，若流徙者可因一般大赦得還，則李氏也不必等到晉武帝泰始元（265）年了。晉武帝除了踐祚時容許被流者歸還以外，在太康五（284）年冬十二月之大赦中，亦有「流宥遠方者，皆赦原之」的恩典。

　　在上引宋武帝即位大赦詔中，除可見武帝赦免遭鄉論清議者以外，尚可見赦除「贓污淫盜」。據《太平御覽》卷650引《晉律》云：

　　　吏犯不孝，謀殺其國王侯伯子男官長，誣偷受財枉法，及掠人和賣，誘藏亡奴婢，雖遇赦，皆除名爲民。

「誣偷」可能是指監守自盜；「受財」就是所謂的「贓污」，也就是貪污罪。對於爲吏者，監守自盜及貪污枉法，會被處以相當重的刑罰。在《晉書》卷69〈劉隗傳〉及卷75〈范堅傳〉均有記載官吏盜官布被正刑棄市，縱使遇赦，仍需除名爲民。可見朝廷對瀆職罪的重視。

　　據《梁書》卷3〈武帝紀〉中大同元（546）年三月乙巳詔，曰：

　　　大赦天下：凡主守割盜、放散官物，及以軍糧器下，凡是

　　赦所不原者，起十一年正月以前，皆悉從恩。

「赦所不原」一句，可見有一些嚴重的罪行，在一般大赦時應不會輕易被赦免的，「主守割盜、放散官物，及以軍糧器下」等，都應是不赦的重罪。「主守割盜」當指監守自盜；「放散官物」之罪，據《唐律疏議・廄庫・放散官物》云：「諸放散官物，坐贓論。」疏議曰：「『放散官物』，謂出用官物，有所市作，並謂官物還充官用者。」其意應指出賣或使用官家的財物，卻說官物仍充作官用，是挪用官物之罪。「軍糧器下」是軍糧軍器後至，即不按期將軍糧運至軍前，以保證軍需的供應。（註五七）這三項都屬於瀆職罪，《唐律》中分置於〈盜律〉、〈倉庫〉及〈擅興〉三篇。「主守割盜」、「放散官物」均屬侵害國家財物之罪，在唐代並不是不赦之罪，而六朝卻視作不赦之罪，可見六朝對於國家財物之掌握，極為重視。

二、從遇赦不赦談重罪

　　以上所論，為大赦對罪犯的恩惠，然而，大赦也有其限制，對於一些在當時被認為是極其嚴重的罪行，縱是大赦，也不能予以完全赦免。以下擬對這些重罪，稍作檢討。

　　根據《晉書》卷94〈隱逸董養傳〉云：

　　董養字仲道，陳留浚儀人也。泰始初，到洛下，不干祿求榮。及楊后廢，養因遊太學，升堂歎曰：「建斯堂也，將何為乎？每覽國家赦書，謀反大逆皆赦，至於殺祖父母、父母不赦者，以為王法所不容也。奈何公卿處議，文飾禮典，以至此乎！天人之理既滅，大亂作矣。」

楊后是在惠帝繼位的第二年，即永平元（291）年三月為賈后所廢。從董養的話，可知在晉武帝大赦中，往往連謀反大逆都可獲

得赦免，但是殺祖父母、父母等罪行，實爲王法所不容，較諸謀反大逆尤爲嚴重，故是遇赦不赦的。然按《晉書·武帝紀》，武帝諸赦赦文均非常簡單，不見赦「謀反大逆」或不赦「殺祖父母、父母者」之句，這當是唐朝修《晉書》時，有所剪裁所致。不過，東晉司馬睿即晉王位之大赦中，就明白規定「其殺祖父母、父母及劉聰、石勒，不從此令。」（註五八）可知董養所歎，當有所本。赦書中規定殺祖父母及父母者，不在赦例，其原因正是由於司馬氏是標榜以孝治天下之故。

　標榜以孝治天下，可謂司馬昭、司馬炎以來的基本國策。司馬昭執政時，何曾就說「明公方以孝治天下」。（註五九）泰始初，李密上疏於晉武帝時，就提到「聖朝以孝治天下」。（註六○）晉朝既重孝道，對殺祖父母、父母者，當然認爲是罪大惡極，而不應得赦免。除了赦書以外，在晉朝的王法中，也可看到不孝是極嚴重的罪行，是遇赦不赦的。據《通典》卷167〈刑五〉云：

> 時安陸應城縣人張江陵與妻吳共罵母黃，黃忿恨自縊死，遇赦。律文：「子殺傷毆父母，梟首；罵詈，棄市。婦謀殺夫之父母，亦棄市。遇赦，免刑，補冶。」江陵罵母，母以之自裁，重於傷毆，若同殺科，則疑重；同傷毆及罵科，則疑輕。准制：唯有打母遇赦猶梟首，無詈母致死遇赦之科。

按上引律文，當爲晉律佚文。（註六一）律云：「婦謀殺夫之父母，亦棄市。遇赦，免刑，補冶」，可知媳婦謀殺丈夫的父母，會被科以絞刑，縱使有大赦，也只是免死刑而已，仍需被配到冶署爲刑徒。又「准制：唯有打母遇赦猶梟首」，按晉律梟首爲死刑中最重者，可知打母者，縱是遇赦則不赦，仍會被科以最重的刑罰，晉人重視倫常之程度，可以想見。張江陵夫婦由於罵母致

死，犯下倫常大錯，因此，雖是正值大赦，但因所犯實在是王法所不容，故最後張江陵梟首，吳氏棄市。

重視孝道一事，不單是一般百姓要恪守，就是為官的亦復如此。據《太平御覽》卷650引《晉律》云：

> 吏犯不孝，謀殺其國王侯伯子男官長，誣偷受財枉法，及掠人和賣，誘藏亡奴婢，雖遇赦，皆除名為民。

吏若犯了以上罪行，縱使遭逢大赦，仍然除名，而第一項就是不孝了，可見不孝在晉代社會中，實在是極其嚴重的罪行。不管在律文中或是在赦詔中，不孝罪往往都是罪大惡極，不容寬貸的，對於孝行的重視，當與法律的儒家化有密切的關係。（註六二）

第四節　恩赦的作用

引　言

中國皇帝頻頻肆赦的原因，長久以來一直是讓中外學者深感困惑的問題。六朝赦宥之事極多，愈到後期，赦事愈頻繁，皇帝為何頻繁肆赦呢？六朝歷時近四百年，出現五十多個皇帝，恩赦的種類有大赦、曲赦、別赦、贖罪、減等，不一而足，皇帝不大可能因為單一的理由而肆赦，其背後當有十分複雜的因素。本章將從政治、法制、社會經濟、思想等各個角度，檢討恩赦的作用，從而探討皇帝經常肆赦的歷史意義。

一、政治上的作用

1.維繫天下秩序

中國人的天下秩序，是靠兩條繩子來維持，其一是君臣關係，

其二是父子關係，兩者其實是一致，即君是父，臣是子。（註六三）君臣關係是一種政治關係，政治關係需要以「法」來規範；父子關係是一種倫理關係，倫理關係需要以「恩」來維繫；中國皇帝既兼具君父性格，因此，其統治也具有兩種面相，一方面是威嚴的；另一面卻是仁慈的。一方面以嚴法君臨天下，另方面，又以恩德子育萬民。皇帝與百姓之間，既存在著這層父子的關係，那麼人君頻繁的寬宥自己的子民，就並不是太奇怪的事情了。此外，人君既然與百姓是一家人，那麼人君在祭典或家庭的喜慶，如即位、立后、立太子等場合，頒佈恩典以與萬民同慶，就更是正常不過了。對萬民施恩佈德，正是維繫皇帝天下秩序的一種方法，這也正是大赦天下的由來。因此，中國古典中經常強調人君應施恩佈德，適時而赦，有關赦宥的論點，在導論部分已作檢討，這裡不再重覆。

2.強化皇權

大赦是一種強化皇權的手段。理論上只有皇帝的王法才能懲罰百姓；同樣的，全國也只有皇帝才能頒「赦」寬免罪犯；被皇帝制裁的，只有皇帝才能予以寬宥。因此，皇帝踐祚的大赦，除了有除舊佈新的意義以外，更重要的是要昭告天下，現在君臨天下的是新的皇帝，是新的統治者。踐祚大赦，似乎可視作新君首度展示其統治力的表現。

恩赦既然具有這種性質，南朝皇帝經常為吉禮及嘉禮而赦，顯示出皇帝不斷藉著恩赦來強化自身的權威。南朝篡弒頻繁，政局動盪，帝位不穩，皇帝亟欲確立自身的權威，遂經常南郊祭天，標榜取得天命，而且，藉著南郊後的大赦以昭告世人，其為真命天子。另外，由於帝位不固，連帶影響皇太子地位也不穩，所以，皇帝將太子「擬皇帝化」，藉太子喜慶頒佈大赦與民同慶，其真

正目的，就是試圖透過這種宣示，提昇太子的權威，使儲位穩固。這些在第二章第三節中，已曾一一交待，這裡不再煩言。

由於恩赦是皇帝的專利，因此，皇帝以外的人頒赦，就顯示出不尋常的意義。六朝的權臣在受封爲公爲王後，通常都會馬上「赦其國」。晉義熙十四（418）年六月，劉裕被封爲宋公，馬上赦其國內殊死以下；元熙元（419）年七月進位宋王時，就馬上赦國內五歲刑以下。（《宋書・武帝紀中》）類似例子亦見於蕭道成及蕭衍。蕭道成於宋順帝昇明三（479）年三月被策爲齊公，遂下令赦國內殊死以下。（《南齊書・高帝上》）蕭衍於齊和帝中興二（502）年三月受梁王之位，亦有同樣的赦令。（《梁書・武帝上》）劉裕、蕭道成、蕭衍等在甫被封爵後，馬上肆赦，一方面固然可解釋爲施恩封國；另方面，也是一種展示自身統治力的表現。對於被國家的法律裁定有罪的人，予以寬免，無疑是否定王法所給予的制裁，置封國於王法的統治之外，這是種統治力的宣示，也可以說是對於當時政權的一種挑戰。

接受王法的制裁或接受皇帝的赦恩，無疑都是象徵著承認皇帝的統治。相反的，不接受皇帝的赦恩，也就是拒絕皇帝的統治了。王莽地皇二（21）年李焉、王況謀起兵，況造作讖書，言「江湖有盜，自稱樊王，姓爲劉氏，萬人成行，不受赦令，欲動秦、雒陽。」（註六四）盜賊就是被認定冒犯了王法，破壞了皇帝秩序的人，皇帝赦免他們，從另一角度來看，也就是宣佈他們是觸犯了王法，只是皇帝施予恩德，將其寬宥而已，倘若接受赦令，就會被撤銷刑罰，而重新編進皇帝的統治當中，王況等的不受赦令，正是不承認皇帝的統治，否定皇帝的秩序。這類的例子，尚見於劉宋沈攸之的反叛，沈攸之被宣佈的罪狀之一，就是「皇朝赦令，初不遵奉，欲殺欲擊，故曠蕩之澤，長隔彼州。此其無君

陵上，大逆之罪六也。」（註六五）不受皇帝的赦令，如同不遵守皇帝的命令一樣，都是「無君陵上」的「大逆」罪行。

3.分化敵人

　　恩赦是一種對叛亂集團的政治作戰。在地方發生叛亂時，假如亂事的規模大，皇帝通常都會頒佈赦令，赦免亂區，這類的例子，在經常發生地方叛亂的南朝，眞是多不勝數。劉宋時期最突出的例子，莫過於明帝即位時的晉安王子勛之亂，亂事於泰始二（466）年爆發，在數月內迅速蔓延，例如，在二月乙丑日，吳、吳興、義興、晉陵反，癸末日浙東五郡反，明帝的對策就是對亂區一一加以赦免。（《宋書・明帝紀》）蕭齊時也有類似的個案，永元元（499）年八月，揚州刺史蕭遙光反，東昏侯馬上曲赦京師。（《南齊書・東昏侯紀》）除了地方叛亂以外，當中央與地方兵戎相見時，中央往往也會頒佈曲赦甚至大赦天下。假如亂區接受赦令的，就代表其願意接受皇帝的統治，願意重新被編進皇帝的秩序中，如果亂區拒絕赦恩，則皇帝勢必發兵予以誅戮。對於敵對集團肆赦，不啻是一種心理戰，朝廷試圖以赦恩來動搖敵對集團中一些游離分子，從而瓦解或削弱該集團的實力。

4.安撫人心

　　在叛亂地區遭到削平後，朝廷往往也會頒佈赦令，例如，曹魏正元二（255）年、甘露二（257）年，淮南二度反叛中央，亂後爲安撫淮南，先後特赦爲所詿誤之淮南士民。（《三國志・魏書・三少帝紀》）陳天嘉三（562）年平定周迪後，馬上曲赦南川士民；（《陳書・周迪傳》）太建二（570）年平定歐陽紇，也曲赦廣、衡二州（《陳書・宣帝紀》）。這類的例子，在六朝隨處可見，茲不盡舉。朝廷討平叛亂地區後，予以赦免，其原因當是考慮到首謀者被誅後，爲了安定人心，故頒佈曲赦縮小打擊面，

如宋孝武帝大明三（459）年在平竟陵王誕之亂後，屠殺廣陵城內數千男子為京觀的情況，恐不多見。

除了地方叛亂以外，朝廷也常常因中央的政治鬥爭而頒佈赦恩。魏晉南朝中央政界政潮迭起，政治常常出現大起伏，當帝位經過一番爭奪戰，或朝廷經過一場權力鬥爭後，主要鬥爭對手已被擊垮，為免造成人心惶惶，也會頒佈赦令以安撫人心，消除疑慮。西晉惠帝八王之亂期間，就曾十六度頒佈赦恩，其中有多次恐怕也是基於這層考慮的，例如，永平元（291）年三月賈后誅楊駿後，就下詔大赦天下；六月誅楚王瑋後，亦下詔曲赦洛陽。宋文帝元嘉十七（440）年冬十月戊午的大赦天下，就是因為誅劉湛之故。

蕭齊東昏侯的崔慧景之亂更是好例子。永元二（500）年四月至五月，東昏侯因崔慧景之亂連下三次恩赦，最初是曲赦京邑、南徐、兗二州，然據《文館詞林》卷 699〈宋順帝（當為南齊東昏侯）誅崔惠景大赦詔〉，可知東昏侯雖「曲赦與之更始，而愚昧之徒，猶多竄伏」，顯然曲赦效果不理想，只好再頒佈大赦，且聲明「凡與崔慧景協契同謀，……悉皆盪滌，一無所問，凡諸反側，咸與惟新。」也許這次大赦仍不足以消除人們的疑慮，故此，在十多天後又再曲赦亂區。據上引赦詔中云「愚昧之徒，猶多竄伏」，可知慧景餘黨竄伏起來者甚多，朝廷既一時無法捕獲，為免其掀起另一次的叛亂，只好一而再的下詔赦免。在宋明帝泰始三（467）年八月的赦詔中，也提到「往諸淪逼，雖經累宥，逋竄之黨，猶為實繁」，這些逃亡竄伏者，對政權不免構成一定的潛在威脅，朝廷大赦就是希望能稍息叛亂餘黨或逃亡者的疑懼，使其能安心歸順，不致自暴自棄而淪為盜賊，甚至掀起另一次的叛亂，為社會或政權帶來更大的傷害。

二、法制上的作用

1.消滅刑罰

　　現代大赦之效力，在起訴前，應為不起訴處分；在起訴後判決確定以前，應為免訴之判決；在判決確定後，應為免其刑之執行。」且大赦有消滅刑罰之效力，故大赦後，再犯不得為累犯之要件。（註六六）赦在中國古典中的意義，是解緩的意思，原來就有消除刑罰的意義存在。據《易經・解卦》云：「象曰：雷雨作，解，君子以赦過宥罪。」孔穎達疏曰：

> 赦謂放免，過謂誤失，宥謂寬宥，罪謂故犯。過輕則赦，
> 罪重則宥，皆解緩之義也。

對於過失犯，應當撤消其刑罰之執行而予以放免。可見赦的原始意義，就是消滅刑罰。

　　兩漢是恩赦制度的形成期，但其時大赦的效力，主要應是對已發覺、已結正的罪犯，予以免除刑罰的執行而已。（註六七）至於進入訴訟階段以及赦前所犯，赦後被舉發等情況，則沒有明確規定。哀帝及平帝即位時，都曾下詔禁止舉奏赦前事，（註六八）從皇帝三令五申的禁止，可以推測劾奏赦前事還是很常見的。東漢明帝曾下詔：「其施刑及郡國徒，在中元元年四月己卯赦前所犯而後捕繫者，悉免其刑。」（《後漢書・明帝紀》）這裡更明顯看出赦前所犯，赦後仍然會被收捕的。可見兩漢大赦之效力，似乎僅及已發覺及已結正者。

　　據第三章第一節的討論，可知在六朝時期，對於未發覺的罪行若經過大赦後，大體都予以寬免。到蕭梁時期，更有了明文規定，根據梁武帝天監十（511）年十一月己酉〈梁武帝冬至郊禋赦詔〉云：

> 天下罪無輕重，未發覺及已發覺，未擒并結正餘口繼討者，
> 在今以前，皆赦除之。

大赦的效力已及於已發覺及未發覺之罪犯，其考慮遠較兩漢爲周詳。又據第三章第一節的討論，可知已進入訴訟階段的案件，也因大赦而獲免訴處分。恩赦制度發展在蕭梁時期，已具備相當完整的消滅刑法的效力。

　　據上文提及現代國家大赦後，再犯不得爲累犯之要件。兩漢的恩赦，似乎沒有這方面的規定，這項進步，要到南齊高帝時方才出現。齊高帝建元元（479）年〈即位大赦詔〉云：

> 有犯鄉論清議，贓污淫盜，一皆蕩滌，洗除先注，與之更始。

按魏晉南朝黃籍籍注的基本內容爲姓名、年齡、籍貫、家庭成員狀況、健康及服役狀況、官職、爵位、士庶門第及犯罪紀錄。（註六九）「洗除先注」應指消除注明在戶籍上的犯罪紀錄，設若赦後又再犯案，則只會被視作初犯，而不會視作累犯處分。類似「洗除先注」的赦書尚見於《梁書‧武帝紀中》梁武帝天監元（502）年〈即位大赦詔〉及《陳書‧高祖紀下》陳武帝永定元（557）年〈即位大赦詔〉。

2.救濟司法之窮

　　現代的大赦，其作用是以行政命令救濟司法之窮，中國古代的恩赦，也具有這方面的作用。秦漢大一統帝國成立以後，統治者爲了要治理如此廣土衆民的帝國，全國除了是「書同文‧車同軌」以外，更重要的是，全國不同地區的百姓，都受同一的王法所制裁。統治者試圖藉著頒佈王法，給予全國一套共同的規範，以統合及凝聚全國人民。然而，中國自嬴秦以來，帝國疆域遼廓，境內民族複雜，各地人情風俗也不盡相同，欲以同一的王法，準

繩天下萬民，孰能保其皆稱允當？且其時交通設施落後，資訊不發達，官吏之奉法與否，獄訟之冤濫與否，皆非遠居首都之皇帝所能清楚掌握，（註七〇）皇帝爲了補救王法之窮，或修訂刑律，使更合乎人情；或派遣使臣巡迴，以黜陟贓污官吏，但是，修訂律令曠日廢時，派遣大使也所察有限。全面施恩肆赦無疑是最爲直接，最爲有效，也最爲廣泛的救濟措施。

3. 肉刑到徒刑的轉變

馬伯良氏在其《慈悲的質量》一書中，提出宋以前多赦是因爲警察系統發達，但司法人手及設備卻嚴重不足，以致囚犯及待決之案件積壓過多，造成極大負荷，故不得不常赦以紓解壓力。（註七一）馬伯良試圖以司法人手不足來解釋中國皇帝常赦的傳統，其實尚未觸及到最關鍵的問題。

肉刑和徒刑這兩種性質迥異的刑戮，正巧分居秦漢帝國前後，作爲懲罰罪犯的重要手段；另方面，兩漢正是首開多赦風氣、頻頻肆赦的時代，這不禁讓人對恩赦與徒刑之間產生一些聯想。筆者以爲兩漢以降朝廷頻頻肆赦，與中國刑制中的重要刑罰由肉刑轉變到徒刑，有著密切的關係。

肉刑爲封建時期的重要刑罰，是對罪犯肢體器官施以毀傷；徒刑犯則爲剝奪人身自由，並課以特定時限的無償勞動。徒刑爲秦漢以降中國刑制的重要刑罰，其地位與封建時期的肉刑相當。從肉刑到徒刑，爲法制史上的一大轉變。肉刑與徒刑的最大分別，當是肉刑犯在被行刑後，馬上被釋回社會，國家對肉刑犯不作役使，同樣的也不需投入龐大人力物力來管理。（註七二）但徒刑則不一樣，誠如杜正勝氏所說：「當編戶齊民形成後，作爲中央集權政府的基礎，個人與政府的關係調整了，中央政府更懂得善用人民的無償勞力。」（註七三）刑徒在秦漢時期，是國家勞動

力的主要來源，這在前文已一再論述。其實，不管國家對刑徒勞動力的仰賴程度是如何，自從徒刑取代肉刑成爲主要刑種後，國家就需要爲管理數量龐大的刑徒而投下大量的人力物力，若刑徒的隊伍過度龐大，勢必造成囹圄充斥、繫囚猥畜等現象，對刑獄的管理人手及設施，構成強大壓力，這點恐怕是朝廷肆赦的重要考慮。據《晉書》卷30〈刑法志〉所收錄劉頌〈復肉刑表〉云：

> 徒亡日屬，賊盜日煩；亡之數者，至有十數，得輒加刑，日益一歲，此爲終身之徒也。自顧反善無期，而災困逼身，其志亡思盜，勢不得息，事使之然也。……亡者積多，繫囚猥畜。議者曰：囚不可不赦，復從而赦之，此謂刑不制罪，法不勝奸。下知法之不勝，相聚而謀爲不軌，月異而歲不同。故自頃年以來，姦惡陵暴，所在充斥。……至今恆以罪積獄繁，赦以散之，是以赦愈數而獄愈塞，如此不已，將至不勝。

劉頌的話清楚看到囚徒猥積與大赦的關係。劉頌以爲刑徒勞役環境惡劣，導致刑徒大量逃亡爲盜，被捕獲得輒被加重刑罰，甚至成爲「終身之徒」，結果造成「繫囚猥畜」，囹圄充斥，朝廷只好予以大赦放免，致使「刑不制罪，法不勝姦」，刑罰失去其威嚇作用，人民也就不憚觸犯法網了。赦得愈多，治安反而愈壞，監獄因而更爲繁積。因此，劉頌提出恢復肉刑以替代徒刑，一方面是肉刑有其特別預防和威懾作用，另方面，肉刑犯受刑後，馬上釋放，不會出現牢獄繁積之情況。

　　徒刑取代肉刑以後，國家必然出現大批的刑徒，所謂囹圄充斥、繫囚猥畜的現象很容易發生，在皇帝赦書中，經常會提到「圄訟彌積」、「庶獄未清」、「囹圄實繁」等狀況，（註七四）其實這正是徒刑取代肉刑後，很容易發生的現象。站在社會生產

力的角度來設想，國家製造了大批的刑徒，使他們脫離了農村生產，縱然可役使他們作一定的無償勞動，但對社會整體的生產力，總是不利的。倘若國家對刑徒的依賴有所減低，則龐大的刑徒隊伍，更對國家的刑獄人手及設施，構成極大的壓力。大赦恐怕就是紓解這方面壓力的一種辦法。這或許正是中國自兩漢以降，皇帝頻頻肆赦的癥結所在吧。

三、社會經濟上的作用

1.促進社會安定

　　除了法制、政治的因素需要考量以外，社會經濟方面的困難，當也經常迫使朝廷肆赦。當國家發生嚴重天災時，經常會頒佈赦恩。天災發生，國家除了救災以外，何以要肆赦呢？其間的關係，可以齊武帝永明十一（493）年秋七月的赦詔來說明，這次是因水災而曲赦沿江一帶州郡，赦詔云：

> 水旱爲災，實傷農稼。江淮之間，倉廩既虛，遂草竊充斥，
> 互相侵奪，依阻山湖，成此逋逃。（註七五）

由於這次水災波及範圍廣大，沿長江中下游一帶均成災區，農作物遭到嚴重破壞，人民因饑荒淪爲盜賊，互相掠奪，在這種情況下，朝廷實在不宜急於討捕，繩之於法，因此，武帝下詔曲赦南兗、兗、豫、司、徐五州、南豫州之歷陽、譙、臨江、廬江四郡，並且原除這些地區的三調及眾逋宿債。

　　除了天災以外，由於兵亂而導致民生凋弊，朝廷也會頒佈赦恩的，在宋文帝元嘉廿八（451）年，北魏大軍南犯，史稱「自江、淮至於清、濟，戶口數十萬，自免湖澤者，百不一焉。村井空荒，無復鳴雞吠犬。」（《宋書·索虜傳》）魏軍沿途的燒殺，給宋境帶來極大的災難，同年十一月，文帝就曲赦這些被戰火蹂

躪的地區。由於水旱等天災或兵亂等人禍，造成社會民生凋弊，倘若政府救濟失當，則饑殍亡命，勢必淪為盜賊，朝廷頒賜赦恩，對於減少不可測的叛亂危機，促進社會安定，自有很大的裨益。

2. 補充勞動力

除了消極性的解決治安問題外，恩赦當有其積極性的一面，就是補充勞動力。正如前文所論，自徒刑取代肉刑後，國家製造了大批刑徒，這些勞動力固然為政府從事一些無償勞動，但是大批勞動力脫離了農村生產行列，對國家總體的生產始終是不利的，職是之故，國家經常放免刑徒，使其重歸墾畝，實對農村生產力有一定的裨益。

前文檢討恩赦的效力時，曾提到亡命者都會因大赦而得到赦免，鄧嶽、周撫、王華、沈約、伏挺等，均亡命遇赦而出。亡命者脫離了原來的戶籍，到處流竄，國家無法掌握這批人，對治安構成很大的威脅，為社會安定投下很大的變數。此外，國家也無法向這些人實行統治，也就是無法使其納稅服役，亡命者愈多，對社會的治安構成愈大的威脅，對國家的稅源則愈加削弱，因此，自漢以來大赦必及於亡命者。梁武帝天監十三（514）春二月丁亥的藉田赦詔有云：「罪入刑謫，追捕未擒，並勿復討，使附農業。」（註七六）明顯可見赦免犯罪亡命者的目的，就是要使其還復墾畝。

類似吸引流民亡命的恩卹詔書，在梁武帝時代可經常看到，如天監十（551）年〈冬至郊禋赦詔〉即有「凡所討叛及巧藉隱年，闇丁匿口，浮遊他界，悉開恩百日，各聽自首，不問往罪」的規定。（註七七）天監十七（518）年春正月丁巳詔也有「朕矜此庶氓，無忘待旦，亟弘生聚之略，每布寬卹之恩；而編戶未滋，遷徙尚有，輕去故鄉，豈其本志？……凡天下之民，有流移他境，

在天監十七年正月一日以前，可開恩半歲，悉聽還本，蠲課三年。……逋叛之身，罪無輕重，並許首出，還復民伍。」（《梁書‧武帝紀中》）可見其時流民問題頗為嚴重，武帝只好訂下優待辦法以吸引流移者還鄉或著籍，犯罪逋叛者，亦許其自首。

其實梁武帝時期流民問題的嚴重，在時人口中已曾一再論及，如大同六（540）年賀琛上奏武帝數事中，第一事就是「天下戶口減落，誠當今之急務。　　百姓不能堪命，各事流移，或依於大姓，或聚於屯封，蓋不獲已而竄亡，非樂之也。」（《梁書‧賀琛傳》）流民問題不斷的惡化，川勝義雄氏以為是梁朝無法克服貨幣經濟二重構造的問題，導致大批農民破產，侯景不過是將已經百孔千瘡的梁朝社會，予以致命一擊罷了。（註七八）川勝氏只提出了武帝流民問題之嚴重及其與貨幣經濟之間的關係，卻沒有提到梁朝的對應政策，筆者頗疑梁武帝在位期間竟有恩赦六十多次，也許武帝是想透過赦恩以吸引流民還鄉或著籍也說不定。

四、思想上的作用

1. 理陰陽以致中和

中國傳統政治強調「中和」精神，為政不喜歡走極端，力求持平，講求和諧。（註七九）不單君與臣、官與民、百姓與百姓間，甚至天與人之間，也應當維持和諧關係。前文曾提到漢人以為宇宙間充斥著陰陽二氣，而「人君之治，莫大於和陰陽。」（註八〇）可見人君最大的責任，就是調理陰陽。設若陰陽和順，宇宙萬物的秩序自必和諧；相反的，陰陽不理，宇宙秩序則會陷入一片乖亂。此外，天子是天之子的意思，是天在地上的代理人，代天敷行政道，治理萬民，由於人君的權力來源是天，因此，既可代天行罰，也可代天寬假，人君擁有這方面的權力，才具備懲

治天下以及赦宥萬民的條件。

　　漢代開始，就以符瑞、災異顯示天命；而災異的出現，被解釋爲警告皇帝的不德。由於皇帝不德才導致陰陽舛亂，宇宙萬物的和諧遭到破壞，這種理念在漢魏六朝非常流行。根據《漢書・文帝紀》漢文帝二（前178）年十一月日食，下詔曰：

> 人主不德，布政不均，則天示之災以戒不治。

又據《後漢書・孝章帝紀》章帝建初五（80）年春二月甲申詔曰：

> 朕之不德，上累三光，震慄忉忉，痛心疾首。

又據《文館詞林》卷667〈西晉武帝三辰譴見大赦詔〉云：

> 朕君臨萬邦，託於王公之上，而德不足以承天，惠不足以懷物，仁誠未著，政刑多失，三辰見譴，水旱爲災。

又《文館詞林》卷667〈東晉孝武帝大旱恩宥詔〉云：

> 頃玄象失度，大旱成災，由朕之不德，昧於政道，雖復夕惕若屬，坐以待旦，微咎思復，罔知攸濟，自非寬刑省賦，惠安百姓，無以仰謝天譴，俯塞人責。

明顯可以看出天與人君之間是有互動關係的，由於人君不德導致陰陽失調、玄象乖度，日蝕、水災等種種災異，都是上天藉以警告人君有失德之處。因此，漢朝皇帝常會因災異而下詔罪己。（註八一）此時皇帝必須反省，力求改善現狀，順其陰陽以消災解禍。然而，人君當如何改善現狀呢？頒佈恩赦以行寬大之政，就是消解災禍的其中一套辦法。

　　自從皇帝制度成立後，皇帝的權力要有效的發揮，必須充分掌握兵與刑，其實廣義而言，兵也是刑。（註八二）因此，刑罰可謂皇帝君臨萬民，統治天下的主要憑藉。人君既然失德，必然會刑罰不中，造成囹圄充斥。人君失德導致刑獄冤濫，刑獄冤濫則導致陰陽失調，上天遂透過災異對人君作出警告，所以，人君

要消解災禍，正本清源的辦法就是救濟刑獄之冤濫。如上引〈東晉孝武帝大旱恩宥詔〉就提到「自非寬刑省賦，惠安百姓，無以仰謝天譴，俯塞人責。」明白指出解救之道就是「寬刑」及「省賦」。

皇帝爲了理正陰陽，消解災禍，遂經常頒佈恩赦，放免罪囚，這一方面是因皇帝自覺刑政失度，故肆赦以作補救；另方面，也是由於赦具有與民更始之作用。由於皇帝失德，導致宇宙萬物秩序失調，皇帝遂試圖透過恩赦與天下更始，「更始」就是重新開始，將陷入紊亂的秩序重新調整，以恢復其原始的和諧狀態。更始思想將在下文作進一步討論。現在再補充「赦」與陰陽之間的關係。

在第一章第三節討論到兩漢的赦宥概況時，曾經指出兩漢大赦主要集中在春夏兩季，與陰陽思想有莫大的關係。其實恩赦本身就是一種陽德的具體表現，從肆赦的禮儀中，在在可見配合陽德的地方。首先，自西晉武帝以降，選擇下詔當天昧爽作爲大赦效力發生的時點，「昧爽」就具有濃厚象徵陽德的意義。昧爽就是黎明，是從黑夜迎向光明的一刻，日爲陽，夜爲陰，昧爽爲從陰到陽的轉折點。同樣的，刑罰爲陰，恩赦爲陽，罪犯從被刑到寬免，亦是從陰到陽的轉變。因此，選擇昧爽作爲大赦生效的時點，是具有配合陽德的用意。

此外，大赦的儀式也是配合陽德的。根據《隋書》卷25〈刑法志〉所引《（北）齊律》云：

> 赦日，則武庫令設金雞及鼓於閶闔門外之右。勒集囚徒於闕前，撾鼓千聲，釋枷鎖焉。

赦日置金雞的儀式，自從北齊創設後，爲歷代沿襲。愈到後代，赦儀的內容變得愈複雜，但是，竹竿上置金雞的制度，卻始終是

赦儀的核心部分，歷代均沒有改變。（註八三）竹竿上置金雞具有甚麼意義呢？其實，儀式中出現金雞是因為天雞星之故。據《封氏見聞記》卷3「金雞條」云：

> （北齊）武成帝即位，大赦天下，其日設金雞，宋孝王不識其義，問於光祿大夫司馬膺之，曰：「赦建金雞，其義何也？」答曰：「按《海中星占》：天雞星動，必當有赦。由是王以雞為候。」

可見北齊時有海中星占一書，記載天雞星動則會有大赦。赦日置金雞是取天雞星之意。此事不見於《北齊書·司馬膺之傳》或其他各傳。類似的記載亦可見宋孔平仲《談苑》卷4及《佩文韻府·禡韻·赦下》。赦儀中的金雞，是取天雞星之意，然而，何以雞會與大赦發生關聯？

根據宗懍《荊楚歲時記》〈雞鳴而起條〉注引《周易緯通卦驗》云：「雞，陽鳥也，以為人候四時，使人得以翹首結帶正衣裳也。」又《藝文類聚》卷91引《春秋說題辭》云：「雞為積陽，南方之象。火陽精物，炎上，故陽出雞鳴，以類相感也。」可知雞為陽鳥，因此，天雞星主赦以及選擇金雞作為赦儀的主要符號，恐怕都是為了配合大赦是陽德的緣故。

在魏晉南北朝時代，除了出現天雞星以外，也出現「天雞」的傳說。按梁任昉《述異記》卷下云：

> 東南有桃都山，上有大樹，名曰桃都枝，相去三千里，上有天雞，日初出照此木，天雞則鳴，天下雞皆隨之鳴。

天雞是主候時的，每當天亮時都會先啼，然後天下雞都會跟著啼，代表新的一天的開始；同樣的，天雞星也是伺候時機變化的，每當要大赦時就會動，它動了就象徵一個新的開始。可見天雞與天雞星的意義是一樣的，都是「主候時」。而天雞啼正是代表天亮，

也就是陰盡陽興之時，正是《春秋說題辭》所謂：「故陽出雞鳴，以類相感也。」

2.與民更始的思想

「與民更始」思想瀰漫著整個漢魏六朝，恩赦是將加諸犯人身上的刑罰消除，使其重新恢復庶人身分，恩赦正是這種重新出發，棄舊迎新思想的具體反映。因此，皇帝赦詔中經常流露出「與民更始」的思想，例如《文館詞林》卷667〈東晉孝武帝地震大赦詔〉云：「赦過宥罪，庶因天變與人更始」；又卷666〈宋孝武帝巡幸歷陽郡大赦詔〉云「宜蕩滌與之更始」；又卷667〈南齊高帝水旱乖度大赦詔〉云「思想優澤，朂茲更始，可大赦天下」。在朝代鼎革或新君踐祚時所下的詔書，更是普遍存在著「與民更始」的思想，《文館詞林》卷668保存不少六朝皇帝踐祚赦書，幾乎每首赦詔均見「更始」、「革新」等語。

與民更始之思想，除了反映在大赦以外，尚見於皇帝的改元。漢代從文帝開始已有改元的措施，至武帝創年號後，漢代皇帝就經常更換年號。兩漢有廿四個皇帝，而年號共有七十五個，平均每一皇帝都至少有三個年號。而年號中「元」字有廿個，「初」字、「始」字有十四個，這些字都含有「更始」之意。新莽末年，劉玄稱帝，就以「更始」為年號，更具體說明漢代更始思想的流行。三國以迄陳亡，約有五十二個皇帝，共有一百廿一個年號，與兩漢的情況也差不多，平均一個皇帝約有兩個以上的年號。年號的名稱雖沒有兩漢那麼明顯的特色，但用「元」字的年號也有八個，而年號用「太」字的皇帝，也有十三位。

皇帝經常改元，其原因或是政績不理想，西晉武帝將泰始年號改為咸寧，正是由於泰始年「水旱為災，歲比不登」。（註八四）正如前文提到，人君德行有虧，導致陰陽舛亂，破壞了宇宙

萬物間和諧的秩序，因此，皇帝須反省改過，更始重來。改元易號及大赦天下，都標誌著重新開始的意義，以前不好的就算過去了，一切重新再來，不單是皇帝一人更始，而是整個國家都一起更始重新，其目的就是想將一片紊亂的秩序重新調整，以恢復其原始的和諧狀態。

結　論

　　赦制發展到六朝時期，其技巧及規定漸趨嚴密，對於大赦效力發生的時間，已有明確規定，一律以赦詔頒佈的當天昧爽以前，作為大赦生效的時點，如此，大赦生效時點終於明確訂定，對罪犯之赦與不赦，更有明確之依據，對大赦之施行與應用，影響很大。

　　其次，從上文的討論中，可見大赦的效力相當強大，其效力除及於已結案正刑者外，對於已進入訴訟階段，但仍未結案的案件，也會馬上撤銷控訴。另外，大赦不僅赦免國家已經收捕的罪犯，對一些仍未被擒獲的罪犯，也會給予百日的自首期限讓其自首，若在百日內沒有自首，以後一經擒獲，則將被科以原來的刑罰。此外，大赦不僅對於已發現的罪行予以赦免，即連對已發生的罪行也給寬宥，即所謂赦及「未發覺」者。梁朝以降之赦書中，經常可見赦免「已結正、未結正」及「已發覺、未發覺」罪行。一般大赦所寬宥的對象，自梁朝開始逐漸法制化，如此，肆赦的對象也相對比兩漢時期來得清晰明確了。附帶一提的是，梁武帝天監改革的範圍可能很廣泛，除了一般所知的官制改革以外，前述關於大赦對象的法制化，亦大抵完成於梁朝，可知梁武帝在禮制法制所作的改訂，具有重大意義，實在不容忽視。

　　正常而言，一般的輕刑多在判決後馬上執行完畢，因此，大

赦對於這些輕刑者不會有多大的裨益。至於較重刑如徒刑、死刑者，所獲的赦恩則較大。徒刑因服刑時間較長，死刑犯則由於受到判決及執行時間的限制，因此，很有可能遭逢大赦。根據上文的檢討，一般而論，大赦都會使徒刑犯和死刑犯重獲自由的，然而，較嚴重的徒刑犯及較嚴重的死刑犯，則不會得到寬宥。

　　律文中雖規定徒刑最高為五歲刑，可酌量加至十二歲，但是，統治者因為對勞動力需求殷切，故對刑徒的役使範圍不斷擴大，刑徒的勞役量不斷增加，而工作的環境卻沒得到改善，因此，造成刑徒的大量逃亡，逃亡者被捕獲後，刑期不斷加重，終至成為「長徒」，終身服役；另方面，國家對刑徒的勞動力愈加依賴，必須設法長久維持穩定的刑徒來源，因此對於「長徒」，除非是皇帝赦詔中有特別注明，否則，一般是遇赦不赦的。

　　至於死刑犯方面，由於包括甚多的嚴重罪犯，因此，一般的大赦不會寬免所有的死刑犯的。大赦究竟對死刑犯有何作用？似乎不好回答，但是，可以換成另外一個問題，就是大赦與重罪的關係為何？有甚麼嚴重的罪行是大赦所不赦的？在前文筆者試圖從大赦赦書所規定的重罪寬免，來論證這些重罪在一般的大赦時，是不會得到赦免的。此外，也試圖分析律文及判例中，有那些罪行是規定了「遇赦不赦」的。最後可以看出諸如不孝、大逆不道、手殺人、贓污淫盜、犯鄉論清議者、主守割盜、放散官物，及以軍糧器下等罪行，除非得到皇帝特別恩詔赦免，一般是遇赦不赦的。其中，應以不孝罪最為嚴重，在赦書中明令規定不孝是不在赦例的。

　　大赦除了賜恩給罪犯以外，同樣也會賜恩給罪犯以外的人。因此，檢討赦對刑罰權的作用，而忽略赦對其他百姓的賜予，實在不能全面把握恩赦的特質。六朝最常伴隨大赦而一起被賜贈的

恩典，主要爲「增文武位」、賜民爵、賜鰥寡孤獨高年米及帛、免除逋租宿債等。增文武位當爲賜予文武官爵位；民爵方面除了在皇帝踐祚及少數特別情況外，一般很少普遍性、全國性的賜爵，其大部分的賜民爵，均爲針對特定的對象，如爲父後者、孝悌力田等。至於對一般老百姓較爲實惠的恩賜，是爲免除其積欠政府的債務，對於生活最爲貧困者，也會賜穀米。通常賜米二斛，大約足夠一人一個月之食量，對於這些生活困苦者，實在如同杯水車薪，解厄之助不大。

　　談到恩赦的作用方面，人君施恩佈德，行寬大之政，可說是維繫天下秩序的措施。此外，大赦也是強化皇權的手段，因此，新君即位第一件事，就是大赦天下，以昭告世人國家已換了新的統治者。南朝皇帝經常透過吉禮、嘉禮肆赦，以圖強化帝王的權威。赦也是對叛亂集團的政治戰，而當中央或地方的亂事暫告平息後，大赦就是安撫人心的好辦法。

　　除了政治性的作用外，恩赦也有法制上的作用，赦是一種消滅刑罰的措施。約在蕭梁時期，大赦的效力已相當完整：在起訴前，應爲不起訴處分；在起訴後判決確定以前，應爲免訴；在判決確定後，應爲免其刑之執行。且大赦有消滅刑罰之效力，故大赦後，再犯不得爲累犯之要件。另外，恩赦也是救濟司法的權宜之策。中國自秦以來，國家版圖遼廓，各地民風不一，以同一的王法準繩全國百姓，難免會有冤濫的情況，皇帝適時而赦，的確可濟司法的不足。

　　除此以外，自從秦漢以降，中國的刑罰體系從肉刑轉變爲徒刑後，國家很自然就出現大批的刑徒，如何管理這一批龐大的勞動力，是一個相當棘手的問題。當國家對刑徒勞動力的依賴逐漸減輕時，這批龐大的刑徒隊伍，勢必耗費國家大量的人力物力來

管理，對刑獄設施及相關人手，將構成極大的負擔，而且，國家收奪大批勞動力，對社會的生產無疑是不利的，也許因為這方面的考慮，自兩漢開始，朝廷就頻繁的大赦以作紓解。此外，當民生凋弊時，百姓為了生活而淪為亡命或盜賊，對社會的治安構成很大的威脅。國家經常肆赦，可使亡命及盜賊有自新的機會，亡命或盜賊的自新，一方面固然可消滅社會的不安，另方面，國家不啻是增加了勞動力，擴大了稅源，對國家正是一舉兩得。

　　中國傳統理想的政治是中和政治，中和政治講求中庸和諧，治國主要以德不以刑。倘若人主失德，則陰陽失調，上天降災異以示警告，此時人主應當自我反省，修德、佈德以求化解災禍，常見佈德的辦法，就是頒賜赦恩了。皇帝以大赦和改元更始自新，使全國上下重新再來，將陷入混亂的宇宙秩序，再度調整回原來的和諧狀態。

【附　註】

註　一　《文館詞林》所收〈西晉武帝即位改元大赦詔〉，其大部份內容亦見於《晉書·武帝紀》，然〈武帝紀〉所錄，剛巧少了「其大赦天下，與之更始。自謀反大逆不道已下，在命年十二月七日昧爽以前，皆赦除之。」一句，故一般不知西晉初年，即已對大赦生效時間給予明確規定了。劉令輿氏可能忽略了《文館詞林》所收之材料，故亦誤以為這項進步遲至陳武帝時始出現。見氏著〈中國大赦制度〉，頁184。

註　二　這類例子經常可見，如《文館詞林》卷666〈宋孝武帝講武原降詔〉、卷665〈梁武帝藉田勸農大赦詔〉、卷666〈梁武帝重立皇太子赦詔〉、《陳書·高祖紀下》〈永定二年春正月辛丑南郊大赦詔〉、《文館詞林》卷666〈隋文帝拜東岳大赦詔〉、

卷667〈貞觀年中爲山東雨水大赦詔〉等，均見對大赦生效時間之限定。

註　三　《文館詞林》卷669〈東晉安帝誅司馬元顯大赦詔〉。

註　四　見《宋書・王華傳》。

註　五　見《梁書・沈約傳》

註　六　見《宋書・文九王傳》。

註　七　大赦會寬免逃亡中的罪犯，可說自兩漢以來即是如此，如枚皋（《漢書・枚皋傳》）、朱雲（《漢書・朱雲傳》）、嚴延年（《漢書・酷吏嚴延年傳》）、原涉（《漢書・游俠原涉傳》）、馬援（《後漢書・馬援傳》）、第五種（《後漢書・第五種傳》）等。

註　八　《南齊書》卷47〈王融傳〉，頁824。

註　九　沈家本氏據《晉書・刑法志》所錄東晉初尚書周顗等議肉刑，提到「截頭絞頸，尙不能禁」，一語，以爲「截頭者斬，絞頸者棄市。晉之刑法，議自魏代，可以知魏之棄市亦絞刑也。南朝宋、齊、梁、陳、北朝魏並有棄市之名，皆謂絞刑。」見氏著《歷代刑法考》，頁135。

註一〇　《南齊書》卷48〈孔稚珪傳〉載「江左相承用張杜律二十卷」，可知東晉、劉宋及蕭齊政權，一直都是使用晉律。

註一一　六朝刑罰體系的變化，可參看沈家本氏《歷代刑法考・刑法總考》；仁井田陞《（補訂）中國法制史研究・刑法》頁95～98。

註一二　參看沈家本《歷代刑法考》，頁341。

註一三　《三國志》卷3〈明帝紀〉、卷13〈王朗傳〉、〈王肅傳〉。

註一四　《三國志》卷47〈吳主傳〉。

註一五　三國以降，皇帝都採取薄葬的態度，可參看楊寬《中國古代陵寢制度史研究》（北京，中華書局，1987），頁39～47。

註一六　三國兩晉南北朝時期，刑徒勞動力在官府作場所占的比重，可
　　　　參看唐長孺〈魏、晉至唐官府作場及官工程的工匠〉收入氏著
　　　　《魏晉南北朝史論叢續編》（北京，三聯，1959）。

註一七　佐竹昭氏也有類似的看法，參看氏著〈中國古代における赦に
　　　　ついて──日中比較のための一試論〉，頁29～30。

註一八　袁宏所論，見《三國志》卷13〈鍾繇傳〉裴松之注引《袁宏集》；李
　　　　勝所論，見《通典》卷168〈刑法六〉。

註一九　《南齊書》卷1〈高帝紀上〉，頁11。

註二〇　唐長孺〈魏、晉至唐官府作場及官工程的工匠〉，頁51～59。

註二一　《隋書》卷25〈刑法志〉，頁705。

註二二　《冊府元龜》（台北，臺灣中華書局，民56）卷615〈刑法部
　　　　・議讞二〉，頁7388。按王韶之上奏，亦見於《宋書》卷60〈
　　　　王韶之傳〉，然所錄似乎頗有訛誤，而北京中華書局點校本更
　　　　是標校有誤。王韶之所論四條，點校本作「至於詐列父母死，
　　　　誣罔父母淫亂，破義反逆，此四條，實窮亂抵逆，人理必盡。」
　　　　所謂四條，只見其三，且「誣罔父母淫亂、破義反逆」一句，
　　　　語意不通。按王韶之上奏，是要求朝廷不要給予四種嚴重罪犯
　　　　贖罪的恩典，據《冊府元龜》所錄，該四項罪行為詐列父母死、
　　　　誣罔父母、淫亂破義及劫，最後侍中褚淡之同意詔之前三條，
　　　　而「劫宜仍舊」，認為還是應該准予犯劫罪者贖罪。《冊府元
　　　　龜》所收上奏文意暢順，較為近實；《宋書》所載，雖可讀作
　　　　「至於詐列父母死、誣罔父母、淫亂破義、反逆。」以足四條
　　　　之數，但文後又曰：「侍中褚淡之同詔之三條，卻宜仍舊。」
　　　　其中「卻宜仍舊」之「卻」字，當如《冊府元龜》所載，應為
　　　　「劫」。至於「反逆」或亦如《冊府元龜》所云「及劫」之誤
　　　　植。蓋褚氏以為「劫」罪不若不孝、不道、不義、內亂等嚴重

（詳見後述）若曰「反逆」則不然。反逆在唐律十惡中，有謀反、謀大逆、惡逆等罪名，仍爲常赦不免。

註二三　《唐律疏議》（北京，中華書局，1983），卷1〈名例律〉「十惡條」，頁12～14。

註二四　荀販案見《晉書》卷50〈庾純傳〉，頁1401；庾專案見同卷〈庾專傳〉，頁1402～1403。

註二五　寧漢林《中國刑法通史》（瀋陽，遼寧大學，1989），第四分冊，頁296。

註二六　《宋書》卷66〈何尙之傳〉，頁1733。

註二七　《宋書》卷8〈明帝紀〉永初元年秋七月壬子詔，曰：「往者軍國殷務，事有權制，劫科峻重，施之一時。今王惟新，政和法簡，可一除之，還遵舊條。」又《宋書》卷8〈明帝紀〉泰始四年九月戊辰詔，云：「尋劫制科罪，輕重同之大辟，即事原情，未爲詳衷。自今凡竊執官仗，拒戰邏司，或攻剽亭寺，及害吏民者，凡此諸條，悉依舊制。五人以下相逼奪者，可特賜黥刖，投畀四遠，仍用代殺，方古爲優，全命長戶，施同造物。」

註二八　《宋書》卷54〈孔淵之傳〉，頁1534。

註二九　宋明帝的赦詔見《宋書》卷8《明帝紀》；齊高帝的赦詔見《南齊書》卷2〈高帝紀下〉；梁武帝的赦詔見《文館詞林》卷668〈梁武帝即位改元大赦詔〉。

註三〇　魏文帝赦詔見《三國志》卷2〈魏書文帝紀〉注引《獻帝傳》。

註三一　惠帝赦詔見於《文館詞林》卷667〈西晉惠帝玄象失度大赦詔〉，穆帝赦詔則見《文館詞林》卷669〈東晉穆帝誅路永等大赦詔〉。

註三二　《漢書·高帝紀》高帝五（前202）年春正月條，如淳解釋「殊死」爲「死罪之明白也。」韋昭釋云：「斬刑也」。在《史

記》卷69〈蘇秦傳〉裴駰集解中釋作「殊者，死也，與誅同指」；顏師古《匡謬正俗》卷8「殊死條」有較詳細討論，以為「殊死，絕死，謂斬刑也。春秋傳曰：『斷其木而不殊』……而死有斬絞，故或云殊死，或云死。但云死者，絞縊刑也；云殊死者，身首分離，死內之重也。」顏氏以為漢代的「死罪」是指絞縊，而「殊死」是指斬刑。

註三三　關於「殊死」的討論，可參看沈家本《歷代刑法考》，頁129～133。

註三四　《晉書》卷30〈刑法志〉引張斐注律表，頁931。

註三五　《三國志》卷2〈魏書文帝紀〉黃初四（223）年春正月條。

註三六　《晉書》卷30〈刑法志〉，頁925。

註三七　大赦賜諸侯王黃金，見於宣帝地節三年夏四月立太子大赦；大赦賜爵之事，兩漢隨處可見，茲不列舉；大赦免租賦、逋貸，可參看《漢書》卷6〈武帝紀〉元朔元年春三月甲子赦、《後漢書》卷3〈章帝紀〉元和二年春正月赦；大赦又詔舉人才，見《漢書》卷6〈文帝紀〉初元二年、《後漢書》卷1〈光武帝紀〉建武七年。

註三八　《三國志》卷4〈魏書·陳留王紀〉，頁149。

註三九　日野開三郎《唐代租調庸研究》色額篇第二章。

註四○　參看周一良《魏晉南北朝史札記·宋書札記》「南北朝時口糧數」，頁124～127。

註四一　《建康實錄》（上海，上海古籍，1987）卷12〈太祖文武帝紀〉，頁323。

註四二　討論秦漢帝國二十等爵制最有名的專著，當推日本西嶋定生氏《中國古代帝國の形成と構造──二十等爵の研究》（東京，東京大學，1961）最近在中國學界對二十等爵的討論逐漸熱絡，最

新的一本專著應爲朱紹侯《軍功爵制研究》（上海，上海人民，1990），是書上編附一部份，將秦漢朝廷賜爵的資料搜集得相當完整，並且作簡單說明，本文提及大赦後賜爵之次數，爲參考朱氏此部分而得。

註四三　參看《漢書》卷1〈高帝紀〉高帝五（前202）年夏五月詔，以及卷2〈惠帝紀〉惠帝元（前192）年多十二月令「民有罪，得買爵三十級以免死罪。」可見爵的功用。

註四四　西嶋定生《前揭書》，頁381～395。

註四五　《藝文類聚》卷51〈封爵部〉。

註四六　見氏著〈民爵與民望〉（《漢學研究》4卷1期，民75年6月），頁33。

註四七　參看朱銘盤《南朝宋會要》、《南朝齊會要》、《南朝梁會要》及《南朝陳會要》（上海，上海古籍，1984）賜民爵部分。

註四八　關於「不道」罪的討論，可參看大庭脩〈漢律における「不道」罪の概念〉收入氏著《秦漢法制史の研究》，頁101～165。

註四九　《唐律疏議》（北京，中華書局，1983），卷1〈名例律〉「十惡條」，頁6～7　。

註五〇　《文館詞林》卷667〈東晉孝武帝地震大赦詔〉、〈東晉安帝玄象告譴大赦詔〉、卷669〈東晉安帝平桓玄改元大赦詔〉。

註五一　《晉書》卷30〈刑法志〉，頁942。

註五二　《漢書》卷4〈殤帝紀〉：「自建武以來諸犯禁錮，詔書雖解，有司持重，多不奉法，其皆復爲平民。」可見遭禁錮者，其地位較一般平民爲低。

註五三　《太平御覽》卷652引《晉令》。

註五四　沈家本《歷代刑法考》，頁496。

註五五　參看周一良〈兩晉南朝的清議〉收入中國社科院編《魏晉隋唐

史論集》（北京，中國社科，1983），頁1～9。

註五六 　《晉書》卷40〈賈充傳〉，頁1171。

註五七 　參看寧漢林《中國刑法通史》第四冊，頁297～295；「及以軍糧器下」一句，殿本、百納本等均作「器下」，然中華書局點校本《宋書》據《冊府元龜》作「糧甲」。作「及以軍器糧甲」似並不可解，宜回改作「器下」為是。

註五八 　《文館詞林》卷695〈東晉元帝改元赦令〉只作「其殺祖父母及劉淵、石勒，不從此令。」缺「父母」兩字，今據《晉書·元帝紀》建武元年三月辛卯條補。

註五九 　《世說新語校箋》（香港，中華書局，1987）〈任誕篇〉，頁390。

註六〇 　《晉書》卷88〈孝友李密傳〉。

註六一 　程樹德氏視之為晉律，故將其收入氏著《九朝律考》卷3〈晉律考〉之晉律佚文部分。按《南齊書》卷48〈孔稚珪傳〉云「江左相承用張杜律二十卷」，可知江左政權一直到宋、齊時，都是使用晉律，故以《南史·孔靖傳》所引為西晉舊律，不無道理。

註六二 　關於晉律的儒家化問題，可參看祝總斌〈略論晉律的「儒家化」〉（《中國史研究》1985-2）。

註六三 　參看高明士〈光被四表——中國文化與東亞世界〉收入《中國文化新論·根源篇》（台北，聯經文化事業，民70），頁483～486。

註六四 　《漢書》卷99下〈王莽傳下〉，頁4166。

註六五 　《宋書》卷74〈沈攸之傳〉，頁1938。

註六六 　參看劉令輿〈中國大赦制度〉，頁145～146、183。

註六七 　兩漢在這方面的效力仍是不完全的，因為在西漢時期，刑徒遇

赦只是成爲「復作」，只能免其罪，卻不能免其罰，還是需要
替政府完成餘下的勞役。

註六八　哀帝綏和二（32）年六月下詔規定「有司無得舉赦前往事。」
　　　　（《漢書・哀帝紀》）平帝即位時也下詔：「往者有司多舉奏
　　　　赦前事，累增罪過，誅陷亡辜，殆非重信愼刑，洒心自新之意
　　　　也。……自今以來，有司無得陳赦前事置奏上。有不如詔書爲
　　　　虧恩，以不道論。定著令，布告天下，使明知之。」（《漢書
　　　　・平帝紀》）。

註六九　魏晉南朝黃籍籍注的基本內容，主要參考傅克輝〈魏晉南朝黃
　　　　籍之研究〉（《山東大學學報（哲社版）》1989-1），頁110
　　　　～114。然而，筆者將傅氏所列九項內容中「鄉論清議」改爲
　　　　「犯罪紀錄」，如此應較合乎實際情形。

註七〇　呂思勉亦有類似的看法，見氏著《讀史札記》（台北，本鐸出
　　　　版社影印本，民72），頁880「無赦之論條」。

註七一　馬伯良氏《慈悲的質量》頁112～127。

註七二　從肉刑到徒刑的轉變，可參看杜正勝氏《編戶齊民》（台北，
　　　　聯經文化事業，1990）第七章〈刑法的轉變：從肉刑到徒刑〉。肉
　　　　刑犯如刖者或有被役使守門、守內的，但這是一種職事，與役
　　　　使罪犯勞動力的徒刑頗有本質上的差別。見氏著頁295。

註七三　杜正勝氏《編戶齊民》，頁315。

註七四　各見《文館詞林》卷665〈南齊武帝郊祀大赦詔〉、卷666〈東
　　　　晉元帝誕皇孫大赦詔〉、卷667〈南齊高帝水旱乖度大赦詔〉

註七五　《南齊書》卷3〈武帝紀〉，頁61。

註七六　《文館詞林》卷665〈梁武帝藉田恩赦詔〉。

註七七　《文館詞林》卷665〈梁武帝冬至郊禋赦詔〉。

註七八　參看川勝義雄《六朝貴族制社會の研究》第Ⅲ部第三章〈貨幣

經濟の進展と侯景の亂〉，頁349～407。

註七九　關於中和精神的進一步說明，可參看高明士〈治國平天下〉，收入《中國文明的精神(1)・政治理想與政治制度》（廣播電視事業發展基金，民國70年）），頁149～150。

註八○　王符《潛夫論》卷9〈本政篇〉。

註八一　可參看趙翼《廿二史箚記》卷2「漢儒言災異」、「漢重日蝕」及「漢詔多懼詞」等諸條。

註八二　參看高明士〈政治與法制〉，頁34。

註八三　赦儀資料，可參看沈家本《歷代刑法考》，頁747～754。

註八四　晉武帝改元咸寧大赦詔，見《文館詞林》卷668。

第五章　總　結

　　赦宥的思想起源甚早，在中國的古典中，經常可見要求人君應當寬宥罪犯的主張，固然，經典中所見的主要爲針對過失犯，肆赦的對象有一定的限制。這與後世不問輕重，不問過故，一律寬免的大赦，具有很大的差別。不過，退一步來看，這種人君應施德緩刑，適時而赦的的思想，卻影響後世甚深。

　　就恩赦頒佈的數量及頻率而言，先秦時代，列國已有赦宥之事，但發展到秦朝時，卻出現一次逆轉，就是在始皇帝統治下，秦朝竟數十年不赦，非單不赦，而且更毫無節制的役使民力，最後就在天下洶洶下覆亡。也許秦朝「急法不赦」，導致速亡，正給予劉邦及其後人一大警惕。因此，漢朝便反其道而行，以常赦治國。漢朝首開頻頻肆赦之政治，兩漢四百多年的國祚，名目不一的赦宥竟有二百八十多次，與秦人的不赦構成強烈對比。在東漢末年，頻頻肆赦的政治受到前所未有的質疑，社會上瀰漫著一股反赦的風潮，因此，自建安以降的卅年間，不管是魏、蜀、吳任何一個政權，都一改兩漢多赦的作風，採取愼赦的態度。但在第三世紀三十年代開始，愼赦的政治慢慢不能堅持，三國又回復兩漢多赦的傳統了。兩晉在赦宥的數量及頻率上，更是變本加厲。兩晉一百五十多年的國祚，共肆赦了一百四十多次，較諸兩漢，尤有過之。南朝的情況更加嚴重，南朝一百七十年，共有恩赦二百五十五次，平均一年1.5赦，遠高於漢魏兩晉以來的情況。赦宥的頻率有愈來愈高的趨勢。

　　就大赦的時機而言，兩漢正值赦制的形成期，故出現許多肆赦的情況，此時沒有任何一項是定制，即使踐祚也不一定必赦。六朝肆赦的時機，與兩漢最大不同的地方，就是除了確立踐祚赦以外，六朝因郊祀及籍田禮而赦的情況增加，此外，皇帝也經常爲太子的喜慶而肆赦。兩漢赦制的特點之一，是經常因災異而赦。六朝約四百年中，只有東晉時期較曾因災異而赦，其他各朝鮮有爲日蝕、月蝕等天文異象而赦的。探討其因，恐在於南朝皇帝出自武人，其權力雖遠高於東晉的皇帝；但是另一方面，由於出自較次等的門第，相對於朝中的高門，不免有自卑感，爲加強本身的權威，遂經常南郊祭天，藉以宣示皇帝擁有天命，具有合法性。此外，皇帝也經常因太子的喜慶而赦，這是鑑於南朝帝位不穩，連帶影響太子地位也不穩，所以，藉太子喜慶，頒佈赦宥，而將太子「擬皇帝化」，以提昇太子的威望。至於皇帝很少爲災異而赦，可能也是基於帝位不穩的理由。若皇帝爲災異而赦，無疑承認災異是因皇帝沒有修德所引起的，皇帝正值以祭天強調得天命，以圖自我提昇，當然不會因災異而赦來自我貶抑。因此之故，南朝皇帝很少因災異而肆赦。

　　六朝赦制的發展，相對於兩漢，也有明顯的發展。在立法的技巧上，六朝比兩漢進步了許多。兩漢是爲赦制的形成期，在技巧上還是相當的粗疏，缺乏精密的設計，因此產生許多紛爭。六朝赦制的特色，是赦制已趨於法制化。大赦最重要的內容，也就是生效的時點以及赦免的對象，在赦書中已明確規定，此即大赦一律以赦詔頒佈的當天昧爽以前，作爲大赦生效的時點。南朝後期的蕭梁，在皇帝的赦書中明定赦免的對象，其程式用語多爲「罪無輕重，已結正、未結正；已發覺、未發覺，在某日昧爽以前，皆赦除之。」此即大赦效力及於起訴前後，判決確定前後之罪犯，

具有消滅刑罰效力。六朝在大赦的觀念上也比兩漢進步，蓋兩漢對赦前事是否追究，一直沒有定論，其實大赦應對已發生的罪行加以赦免，而不是已發現的罪行才加以赦免，因此，大赦的效力，除及於「已發覺者」以外，也應及於「未發覺者」。這項觀念的釐清，無疑是一大進步。

　　兩漢除了赦以外，贖罪的次數也很多，但三國以降，朝廷很少頒佈這種臨時性、全國性的贖罪詔書，其最大的原因，就是贖罪的條件已在律文中明確規定，贖刑已被法制化了，只要符合條件，就可得到贖罪。就法制的發展而言，臨時頒佈且每次條件不一的贖罪，終非法律的常態，（曹）魏律及晉律對贖刑作了一番仔細的規劃，不啻是法制發展的一大進步。兩晉南朝赦制的進步，多爲隋唐所吸收繼承，因此，法制史家論唐律之進步完備時，實在不宜忽略六朝法制的發展。

　　恩赦制度與刑徒勞動力之間，自始即具有密切的關係，在前文討論兩漢赦宥部分時已經指出，及至六朝，勞動力仍是需要考慮到的，六朝政府對刑徒勞動力的依賴，各個時期不一。西晉對於刑徒的依賴，不如兩漢般殷切，這一方面，固然是政府可能比較有效掌握到一般的民伕有關；另方面，也可能與晉朝在刑律發展進步有關，蓋刑徒是罪犯的身份，固然需要受到懲罰，然而，役使刑徒應當有一定的範圍，並不能因爲是刑徒而予以無限制的勞役，其實官府作坊及政府工程中，役使民伕或僱役方式才是正常的型態，大量役使刑徒始終是不正常的現象。因此，從鉅視的角度來看，國家對刑徒勞動力的依賴，應是愈來愈輕的。

　　晉律中就規定徒刑的最高年限不得超過十二年，可見對徒刑已作一定的改進。另外，從劉頌提倡廢除徒刑，復行肉刑的奏議來看，其時刑徒的勞動力，應當不是國家主要的勞動力來源。又

從劉頌的話中，可知刑徒工作環境惡劣，致使刑徒大量逃亡，淪為盜賊，對社會構成嚴重威脅，因此，政府不得不經常頒佈大赦放免刑徒，稍紓刑徒的積怨。這可見大赦與刑徒關係的一面。然而，東晉南朝政府由於掌握的勞動力愈來愈少，只好愈來愈依賴刑徒，因此，除不斷的製造刑徒外，對於「長徒」則遇赦不赦，以確保國家工程及作坊中，能控有充裕的勞動力。這是赦與刑徒勞動力的另一面的關係。

其實，自從徒刑取代肉刑作為主要刑種以後，皇帝經常肆赦，就變得不可避免了，蓋國家很自然就出現大批的刑徒，如何管理這批龐大的勞動力，是一個相當棘手的問題。當國家對刑徒勞動力的依賴逐漸減輕時，這批龐大的刑徒隊伍，勢必耗費國家大量的人力物力來管理，對刑獄設施及相關人手，將構成極大的負擔，而且，國家收奪大批勞動力，對社會的生產無疑是不利的，也許因為這方面的考慮，自兩漢開始，朝廷就頻繁的大赦以作紓解。

《晉律》一般被認為是《唐律》以前編修得相當完備的法典，《晉律》其中一個很重要的特色，就是「儒家化」色彩濃厚。（註一）其實，從赦制的發展同樣可看出這方面的特質。在討論「重罪」部分時，曾指出「犯鄉論清議」及不孝罪，往往是遇赦不赦的。其實「鄉論清議」的標準，多以孝道為主，（註二）可見兩晉社會特重孝道。從律文中某些罪被判處極刑，固然可以看出社會公認罪大惡極的行為，不過，從另一角度來看，某些罪若是連皇帝的大赦都不會予以寬宥的，就更能看出這些才是真正不可寬恕的重罪。故此，從赦制來探討，將更能把握到真正的重罪。

兩晉南朝有不少的赦宥，是因權力鬥爭而引起的，參與鬥爭的主角，並不是一直都來自同一社會階級。在西晉的政治鬥爭中，皇族宗室是主要的角力者；但在東晉建國時，由於皇帝是由高門

大族擁立，因此，高門大族自始即控有大權，宰制朝政，在東晉發生的政治鬥爭中，主角大多爲高門大族，皇帝及宗室只是配角而已；及至南朝，皇帝奪回久爲大族把持的軍權，使皇權較東晉時期大爲提高，此時參與政治鬥爭的主角轉爲依附於皇權的宗室，宗室諸王起兵反叛者，在劉宋時此時彼落。南朝末期，地方豪族的興起，與皇權展開鬥爭的又轉爲地方豪強。不過，不論對手是誰，皇權都是參與鬥爭的一方，而且總是佔上風。

南朝皇權的提高，不單可從政爭主角的轉變看出來，從皇帝赦免的對象也可看出皇權高張的現象，最明顯的例子就是赦免「鄉論清議者」。因爲赦免「鄉論清議者」一事，除了可以看得出皇權的高張社會力的下降以外，也可透視出另一個問題，就是六朝社會「王法」與「家禮」之間的關係。在兩晉時期，士人犯了「違禮」之事，是由代表社會力的中正所清議的，但是，在南朝時期，多由皇帝使御史中丞進行彈劾，即所謂「違禮入令」，犯了家禮是由王法加以制裁。「王法」與「家禮」之間的關係，恐怕不是單純從皇權高低來檢討就可以涵蓋的，其間的關係相當複雜，進一步的探討，則有俟來日。

綜合而言，中國的恩赦制度，可謂扮演著調理陰陽，維持宇宙事物和諧，達致中和政治的手段。皇帝一面以嚴法君臨天下，一面以恩赦子育萬民，恩赦制度自兩漢形成後，沿續了兩千多年，對中國政治的影響既深且鉅，實在是一項相當值得注意及深入探討的制度。

【附 註】

註 一 關於晉律的儒家化問題，可參看祝總斌前引〈略論晉律的「儒家化」〉一文。

註 二 參看周一良〈兩晉南朝的清議〉，頁2。

附錄：

表一、三國赦宥表──曹魏之部

	年　　　代	月　　　日	赦　宥　狀　況	原　　　因	備註
文帝	1 黃初元(220)	冬十月庚午	大赦	踐祚	
	2 黃初五(224)	秋八月	原除揚州將吏士原犯五歲刑以下	幸壽春	
	3 黃初五(224)	秋九月	赦青、徐二州	幸廣陵	
	4 黃初六(225)	夏六月	赦利成郡見脅略及亡命者	平利成郡	
明帝	5 黃初七(226)	夏五月丁巳	大赦	踐祚	
	6 太和二(228)	夏四月丁酉	赦繫囚非殊死以下	巡幸長安歸	
	7 太和四(230)	冬十月庚申	罪非殊死聽贖各有差	巡幸許昌宮歸	
	8 太和五(231)	秋七月乙酉	大赦	皇子生	
	9 青龍二(234)	春三月己酉	大赦	山陽公薨	
	10 景初元(237)	夏五月己丑	大赦	巡幸許昌宮歸	
	11 景初元(237)	秋七月己卯	赦遼東士民為公孫淵脅略不得降	公孫淵反	
	12 景初二(238)	夏四月庚戌	大赦	不詳	
齊王芳	13 景初三(239)	春正月丁亥朔	大赦	踐祚	
	14 景初三(239)	秋八月	大赦	不詳	
	15 正始四(243)	夏四月乙卯	大赦	立后	
	16 嘉平元(249)	春正月丙午	大赦	高平陵政變	
	17 嘉平三(251)	夏四月壬辰	大赦	不詳	
	18 嘉平四(252)	春二月	大赦	立后	

	19 嘉平五(253)	夏四月	大赦	不詳	
	20 嘉平六(254)	春二月辛亥	大赦	誅李豐、夏侯玄	
	21 嘉平六(254)	夏四月	大赦	立后	
高貴鄉公	22 嘉平六(254)	冬十月庚寅	大赦	踐祚	
	23 正始二(255)	春閏正月壬子	特赦淮南士民爲毋丘儉詿誤者	平毋丘儉之亂	
	24 正始二(255)	春三月	大赦	立后	
	25 正始二(255)	冬十一月甲午	赦隴右四郡及金城亡叛投賊者	此區連年受敵	
	26 甘露二(257)	夏五月乙亥	赦淮南將吏士民爲諸葛誕所詿誤	諸葛誕反	
	27 甘露二(257)	秋九月	大赦	不詳	
元帝	28 甘露五(260)	夏六月甲寅	大赦	踐祚	
	29 景元四(263)	冬十一月	大赦	立后	
	30 景元四(263)	冬十二月癸丑	赦益州士民	定蜀	
	31 咸熙元(264)	春二月辛卯	赦諸在益土者	鍾會反	
	32 咸熙二(265)	夏五月癸未	大赦	褒賞晉王	

附錄：

表一、三國赦宥表——蜀漢之部

	年　　　　代	月　　　日	赦　宥　狀　況	原　　　　因	備註
先主 後主	1 章武元(221)	夏四月	大赦	踐阼	
	2 章武三(223)	夏五月	大赦	踐阼	
	3 建興十二(234)	秋八月	大赦	楊儀斬魏延	
	4 延熙元(238)	春正月	大赦	立后	
	5 延熙六(243)	冬十一月	大赦	蔣琬自漢中還	
	6 延熙九(246)	秋	大赦	費禕自漢中還	
	7 延熙十二(249)	夏四月	大赦	不詳	
	8 延熙十四(251)	冬	大赦	費禕駐軍漢壽	
	9 延熙十七(254)	春正月	大赦	姜維還成都	
	10 延熙十九(256)	不詳	大赦	立新平王	
	11 延熙二十(257)	不詳	大赦	不詳	
	12 景耀元(258)	不詳	大赦	景星見	
	13 景耀四(261)	冬十月	大赦	不詳	
	14 炎興元(263)	夏	大赦	魏軍伐蜀	

表一、三國赦宥表——孫吳之部

	年　　　代	月　　　日	赦　宥　狀　況	原　　　　　因	備註
大帝權	1 黃武三(224)	秋八月	赦死罪	不詳	
	2 黃龍元(229)	夏四月丙申	大赦	踐祚	
	3 黃龍三(231)	冬十二月丁卯	大赦	嘉禾生	
	4 嘉禾二(233)	春正月	大赦	公孫淵降	
	3 赤烏三(240)	夏四月	大赦	不詳	
	6 赤烏五(242)	春正月	大赦	立太子	
	7 赤烏八(245)	秋八月	大赦	不詳	
	8 赤烏十(247)	冬十月	赦死罪	不詳	
	9 太元元(251)	夏五月	大赦	立后	
	10 太元元(251)	冬十一月	大赦	不詳	
	11 神鳳元(252)	春二月	大赦	不詳	
廢帝亮	12 建興元(252)	夏四月	大赦	踐祚	
	13 建興二(253)	春正月丙寅	大赦	立后	
	14 建興二(253)	冬十月	大赦	孫綝誅諸葛恪	
	15 太平元(256)	冬十月己酉	大赦	孫綝誅滕胤	
	16 太平二(257)	夏四月	大赦	孫亮親政	
	17 太平二(257)	秋九月	大赦	孫綝還建康	
景帝休	18 永安元(258)	冬十月己卯	大赦	踐祚	
	19 永安五(262)	秋八月戊子	大赦	立太子	
	20 永安七(264)	春正月	大赦	不詳	
	21 永安七(264)	秋七月壬午	大赦	分交州置廣州	
末帝皓	22 元興元(264)	秋七月癸未	大赦	踐祚	

23 甘露元(264)	夏四月	大赦	甘露降
24 甘露元(264)	冬十一月	大赦	孫皓徙都武昌
25 寶鼎元(266)	秋八月	大赦	得大鼎
26 寶鼎二(267)	春	大赦	不詳
27 建衡元(269)	冬十月	大赦	不詳
28 建衡二(270)		大赦	不詳
29 建衡三(271)		大赦	九眞、日南還屬
30 鳳凰元(272)	秋八月	大赦	誅步闡
31 鳳凰二(273)	秋九月	大赦	封諸子爲王
32 天冊元(275)		大赦	吳郡掘地得銀
33 天璽元(276)	秋七月	大赦	臨平湖得石函
34 天璽元(276)	秋八月	大赦	封禪國山
35 天紀二(278)	秋七月	大赦	封諸子爲王
36 天紀四(280)	春	大赦	封諸子爲王

表二、西晉赦宥表

	年　　代	月　　日	赦宥狀況	原　　因	備　註
武帝	1 泰始元(265)	冬十二月丙寅	大赦	踐祚	
	2 泰始四(268)	春正月丙戌	大赦	籍田	
	3 泰始五(269)	夏五月辛卯朔	曲赦交趾、九眞日南五歲刑	退吳軍	
	4 泰始六(270)	春三月	赦五歲刑以下	不詳	
	5 泰始七(271)	夏五月	赦雍、涼、秦境內殊死以下	三州饑	
	6 泰始七(271)	秋八月	曲赦南中四郡	置寧州	
	7 泰始八(272)	夏六月壬辰	大赦	不詳	
	8 咸甯元(275)	春正月戊午朔	大赦	改元	
	9 咸甯二(276)	春二月甲午	赦五歲刑以下	不詳	
	10 咸甯二(276)	冬十月丁卯	大赦	立皇后	
	11 咸甯五(279)	夏四月	大赦	不詳	
	12 太康元(280)	春三月乙酉	大赦	平吳	
	13 太康五(284)	冬十二月庚午	大赦	三辰謫見	文.667補
	14 太康十(289)	夏四月乙巳	大赦	太廟成	
惠帝	15 永熙元(290)	夏四月己酉	大赦	踐祚	
	16 永平元(291)	春三月壬辰	大赦	誅楊駿	
	17 永平元(291)	夏六月乙丑	曲赦洛陽	誅楚王瑋	
	18 永平二(292)	秋八月壬子	大赦	不詳	
	19 永平四(294)	秋九月丙辰	赦諸州遭地災	地災	
	20 永平六(296)	春正月辛酉	大赦	南郊	
	21 永平六(296)	冬十月乙未	曲赦雍涼	秦擁氐羌叛	

22 永平八(298)	春三月壬戌	大赦	不詳	
23 永康元(300)	春正月癸亥朔	大赦	改元	
24 永康元(300)	夏四月甲午	大赦	趙王倫矯詔	
25 永康元(300)	秋八月	曲赦洛陽	殺淮南王	
26 永康元(300)	冬十一月甲子	大赦	立皇后	
27 永甯元(301)	夏四月癸亥	大赦	惠帝復位	
28 永甯元(301)	夏六月戊辰	大赦	立皇太孫	
29 永甯元(301)	秋八月	大赦	不詳	
30 太安元(302)	春三月癸卯	赦司、冀、兗豫四州	不詳	
31 太安元(302)	冬十二月丁卯	大赦	誅齊王冏	
32 太安二(303)	春正月甲子	赦五歲刑	不詳	
33 太安二(303)	秋九月丙申	大赦	河間、成都二王逼京師	
34 太安二(303)	冬十一月甲子	大赦	張方害長沙王乂	
35 永興元(304)	春正月丙午	大赦	改元	
36 永興元(304)	春三月戊申	大赦	成都王爲皇太弟	
37 永興元(304)	秋七月戊戌	大赦	討成都王	
38 永興元(304)	秋七月庚申	大赦	改元	
39 永興元(304)	秋八月辛巳	大赦	張方迎帝	
40 永興元(304)	冬十一月丙午	留臺大赦	張方劫帝幸長安	
41 永興元(304)	冬十二月丁亥	大赦	豫章王爲皇太弟	
42 永興二(305)	秋八月辛丑	大赦	不詳	
43 光熙元(306)	夏六月辛未	大赦	惠帝還洛陽	
懷帝　44 光熙元(306)	冬十一月癸酉	大赦	踐祚	

	45 永嘉元(307)	春正月壬子朔	大赦	改元	
	46 永嘉元(307)	春三月辛未	大赦	立太子	
	47 永嘉元(307)	秋八月甲辰	曲赦幽、并、司冀、兗、豫	汲桑之亂	
	48 永嘉二(308)	春正月丁未	大赦	日蝕	
	49 永嘉二(308)	冬十二月辛未	朔大赦	不詳	
	50 永嘉三(309)	春三月丙寅	曲赦河南郡	東海王害帝近臣	
	51 永嘉四(310)	春正月乙丑朔	大赦	不詳	
愍帝	52 永嘉六(312)	秋九月辛巳	大赦	被奉爲皇太子	
	53 建興元(313)	夏四月壬申	大赦	踐祚	
	54 建興二(314)	春正月丁丑	大赦	日變	
	55 建興三(315)	夏四月	大赦	不詳	
	56 建興三(315)	夏六月辛巳	大赦	地震	

本表主要據《晉書》各帝本紀制成，凡參考其他史料補充者，均在備註註明。

＊文：文館詞林

表三、東晉赦宥表

	年　　　　代	月號號號日	赦　宥　狀　況	原　　　　因	備註
元帝	1 建武元(317)	春三月辛卯	大赦	即晉王位	
	2 太興元(318)	春三月癸丑	大赦	即皇帝位	
	3 太興二(319)	冬十二月乙亥	大赦	不詳	
	4 永昌元(322)	春正月乙卯朔	大赦	誕皇孫	
	3 永昌元(322)	夏四月辛未	大赦	王敦入建康	
明帝	6 永昌元(322)	閏十一月己丑	大赦	踐祚	
	7 太甯元(323)	春正月庚辰	赦五歲刑以下	臨朝	
	8 太甯二(324)	秋七月丁酉	大赦	平王敦	
	9 太甯三(325)	春三月戊辰	大赦	立太子	
成帝	10 太甯三(325)	閏三月戊子	大赦	踐祚	
	11 咸和元(326)	春二月丁亥	大赦	改元	
	12 咸和元(326)	冬十月庚辰	赦百里五歲刑以下	害南頓王宗	
	13 咸和三(328)	春二月丁巳	大赦	蘇峻矯詔	
	14 咸和四(329)	春二月丁亥	大赦	蘇峻死	
	15 咸和五(330)	春正月己亥	大赦	不詳	
	16 咸和七(332)	春正月辛未	大赦	郊祀	
	17 咸和八(333)	春正月辛亥朔	赦五歲刑以下	新宮成	
	18 咸康元(335)	春正月庚午朔	大赦	加元服	
	19 咸康二(336)	春二月辛亥	大赦	立皇后	
	20 咸康五(339)	春正月辛丑	大赦	不詳	
	21 咸康六(340)	春三月丁卯	大赦	喪三公	
	22 咸康八(342)	春正月乙丑	大赦	日蝕	

康帝	23 咸康八(342)	夏六月癸巳	大赦	踐祚	
	24 建元元(343)	冬十一月己巳	大赦	不詳	
穆帝	25 建元二(344)	秋九月戊戌	大赦	踐祚	
	26 永和二(346)	春正月丙寅	大赦	不詳	
	27 永和二(346)	春三月乙丑	大赦	誅路永等	
	28 永和三(347)	夏六月辛酉	大赦	不詳	
	29 永和五(349)	春正月辛未朔	大赦	不詳	
	30 永和九(353)	春正月乙卯朔	大赦	不詳	
	31 升平元(357)	春正月壬戌朔	大赦	加元服	
	32 升平元(357)	秋八月丁未	大赦	立皇后	
	33 升平五(361)	春正月戊戌朔	大赦	日蝕	
哀帝	34 升平五(361)	夏五月丁巳	大赦	踐祚	
	35 隆和元(362)	春正月壬子	大赦	改元	
	36 隆和元(362)	夏四月	詔出輕繫	旱	
	37 興甯元(363)	春二月己亥	大赦	改元	
	38 興甯元(363)	秋九月癸亥	大赦	皇子生	
海西公	39 興甯三(365)	春二月丁酉	大赦	踐祚	
	40 太和元(366)	秋九月甲午	曲赦梁、益	梁、益亂平	
	41 太和三(368)	春三月癸亥	大赦	日蝕	
	42 太和六(371)	夏四月戊午	大赦	不詳	
簡文帝	43 太和六(371)	冬十一月己酉	大赦	踐祚	
孝武帝	44 咸安二(372)	秋七月己未	大赦	踐祚	
	45 甯康二(374)	春正月癸未朔	大赦	不詳	
	46 甯康三(375)	春正月辛亥	大赦	不詳	

	47 甯康三(375)	秋八月癸巳	大赦	立后
	48 太元元(376)	春正月甲辰	大赦	加元服
	49 太元元(376)	夏五月癸丑	大赦	地震
	50 太元四(379)	春正月辛酉	大赦	不詳
	51 太元五(380)	夏四月癸酉	赦五歲刑以下	大旱
	52 太元五(380)	夏六月甲子	大赦	比歲荒儉
	53 太元六(381)	秋七月丙子	赦五歲刑以下	不詳
	54 太元七(382)	秋八月癸卯	大赦	不詳
	55 太元八(383)	春三月丁巳	大赦	大水
	56 太元八(383)	冬十二月庚午	大赦	淝水大捷
	57 太元九(384)	冬十月乙丑	大赦	日蝕
	58 太元十一(386)	春三月	大赦	不詳
	59 太元十二(387)	春正月丁未	大赦	玄象告譴
	60 太元十二(387)	秋八月辛巳	大赦	立太子
	61 太元十五(390)	春三月戊辰	大赦	地震
	62 太元十七(392)	春正月己巳朔	大赦	不詳
安帝	63 太元二一(396)	秋九月辛酉	大赦	踐祚
	64 隆安元(397)	春正月己亥朔	大赦	加元服
	65 隆安元(397)	夏四月戊子	大赦	誅王國寶等
	66 隆安二(398)	冬十月丙子	大赦	驪虞見
	67 隆安四(400)	春正月乙亥	大赦	不詳
	68 隆安四(400)	秋七月丁卯	大赦	不詳
	69 元興元(402)	春正月庚午朔	大赦	改元
	70 元興元(402)	夏四月	大赦	誅司馬元顯
	71 元興元(402)	冬十二月庚申	曲赦廣陵、彭城大逆以下	誅會稽王道子
	72 元興三(404)	春三月丙戌	大赦	討桓玄
	73 元興三(404)	夏五月甲申	大赦	帝反正於江陵
	74 義熙元(405)	春正月戊戌	大赦	帝反正於江陵

	75 義熙三(407)	春二月己丑	大赦	玄象譴度	
	76 義熙五(409)	春正月辛卯	大赦	不詳	
	77 義熙六(410)	夏五月己未	大赦	盧循破劉毅	
	78 義熙八(412)	秋九月庚辰	大赦	討劉毅	
	79 義熙十一(415)	春正月庚午	大赦	劉裕討司馬休之、魯宗之等不詳	
	80 義熙十一(415)	秋九月己亥	大赦	不詳	
	81 義熙十二(416)	秋八月丙午	大赦	伐姚泓	
	82 義熙十二(416)	冬十一月己丑	大赦	平洛陽	
	83 義熙十三(417)	秋七月	大赦	執姚泓	
	84 義熙十四(418)	春正月辛巳	大赦	平賊	
恭帝	85 義熙十四(418)	冬十二月戊寅	大赦	踐祚	

本表主要據《晉書》各帝本紀制成，凡參考其他史料補充者，均在備註註明。

表四、劉宋赦宥表

	年　　　　代	月　　　　日	赦　宥　狀　況	原　　　因	備　　註
武帝	1 永初元(420)	夏六月	大赦	踐祚	
	2 永初元(420)	秋七月丁亥	原放劫賊餘口沒在臺府者	同上	
	3 永初元(420)	秋八月辛酉	開亡叛赦	同上	
	4 永初元(420)	秋八月乙亥	赦見刑罪無輕重	立皇太子	
	3 永初二(421)	春正月辛酉	大赦	南郊	
	6 永初三(422)	春正月甲辰朔	刑罰無輕重悉皆原降	不詳	
	7 永初三(422)	春三月己未	大赦	武帝疾瘳	
少帝	8 永初三(422)	夏五月癸亥	大赦	踐祚	
	9 景平元(423)	春正月己亥朔	大赦	改元	
	10 景平元(423)	秋七月丁丑	赦五歲刑以下	旱	
	11 景平二(424)	夏五月乙酉	赦死罪以下	廢少帝	
文帝	12 元嘉元(424)	秋八月丁酉	大赦	踐祚	
	13 元嘉二(425)	春正月辛未	大赦	南郊	
	14 元嘉三(426)	春正月丙寅	大赦	誅徐羨之等	
	15 元嘉三(426)	春二月乙卯	原赦繫囚見徒	不詳	
	16 元嘉四(427)	春正月乙亥朔	曲赦都邑百里內	不詳	建13作丁亥
	17 元嘉四(427)	春三月丙子	赦丹陽五歲刑以下	謁京陵	
	18 元嘉六(429)	春三月戊午	大赦	立皇太子	
	19 元嘉八(431)	夏六月乙丑	大赦	不詳	
	20 元嘉十(433)	春正月己未	大赦	謁陵	文655
	21 元嘉十(433)	秋七月戊戌	曲赦益、梁、秦	益州亂平	
	22 元嘉十一(434)	夏五月丁卯	曲赦梁、南秦二州劍閣北	破楊難當	
	23 元嘉十二(435)	春正月辛酉	大赦	不詳	
	24 元嘉十三(436)	春三月庚申	大赦	誅檀道濟	

	25 元嘉十四(437)	春正月辛卯	大赦	南郊	
	26 元嘉十六(439)	冬十二月乙亥	大赦	皇太子冠	
	27 元嘉十七(440)	冬十月戊午	大赦	誅劉湛	
	28 元嘉十九(442)	夏四月甲戌	大赦	久疾愈	文665
	29 元嘉二一(444)	春正月己亥	大赦	籍田	文665
	30 元嘉二二(445)	冬	大赦	籍田獲嘉禾	文667 建12
	31 元嘉二三(446)	夏四月丁未	大赦	不詳	
	32 元嘉二四(447)	春正月甲戌	大赦	不詳	
	33 元嘉二六(449)	春三月丁巳	大赦	拜謁京陵	文665
	34 元嘉二七(450)	冬十一月丁未	大赦	北魏寇邊	
	35 元嘉二八(451)	冬十一月壬寅	曲赦二兗、徐豫、青、冀	北魏退	
孝武帝	36 元嘉三(453)	夏月己巳	大赦	踐祚	
	37 元嘉三(453)	夏五月甲午	曲赦京邑二百里內	不詳	
	38 孝建元(454)	春正月己亥朔	大赦	南郊	
	39 孝建元(454)	春二月壬午	曲赦豫州	魯爽、劉義宣反	建13作曲赦司豫
	40 孝建元(454)	秋七月丙辰	大赦	誅南郡王義宣	
	41 孝建二(455)	夏六月甲子	大赦	國哀除釋	
	42 孝建三(456)	春正月甲寅	大赦	立皇太子妃	
	43 大明元(457)	春正月辛亥朔	大赦	改元	
	44 大明二(458)	夏六月丙申	寬申逋亡	不詳	
	45 大明三(459)	秋七月辛未	大赦	誅竟陵王誕	
	46 大明四(460)	春正月乙亥	大赦	耕籍田	
	47 大明四(460)	冬十二月乙未	原遣廷尉寺建康獄繫囚	幸廷尉、建康縣	
	48 大明五(461)	春二月癸巳	赦逃亡	車駕閱武	
	49 大明五(461)	秋七月庚午	曲赦雍州	雍州亂平	
	50 大明五(461)	秋九月丁卯	原遣琅邪繫囚	行幸琅邪	
	51 大明六(462)	春正月辛卯	大赦	祀明堂	文.665
	52 大明七(463)	春二月壬戌	大赦	春蒐	

	53 大明七(463)	秋八月	大赦	旱	建13
	54 大明七(463)	冬十一月丙子	曲赦南豫州殊死以下	車駕巡南豫州	
	55 大明七(463)	冬十二月甲寅	大赦	幸歷陽	
	56 不詳		大赦	籍田	文665
前廢帝	57 大明八(464)	閏五月庚申	大赦	踐祚	
	58 永光元(465)	春正月乙未朔	大赦	改元	
	59 景和元(465)	冬十月癸亥	曲赦徐州	平徐州劉昶	
	60 景和元(465)	冬十一月壬寅	赦揚、南徐	立皇后	
	61 景和元(465)	冬十一月丁未	大赦	皇子生	
明帝	62 泰始元(465)	冬十二月丙寅	大赦	踐祚	
	63 泰始二(466)	春二月乙丑	曲赦吳、吳興、義興、晉陵	四郡反	
	64 泰始二(466)	春二月癸未	曲赦浙東五郡	五郡反	
	65 泰始二(466)	春三月癸丑	赦揚、南徐繫囚	揚、南徐反	
	66 泰始二(466)	夏五月丁酉	曲赦豫州	豫州反	
	67 泰始二(466)	秋九月乙酉	曲赦江、郢、荊雍、湘五州	平五州	
	68 泰始二(466)	秋九月癸巳	大赦	子勛亂平	
	69 泰始二(466)	冬十月戊寅	曲赦揚、南徐	立太子	
	70 泰始三(467)	春正月癸卯	曲赦豫、南豫	薛安都叛	
	71 泰始三(467)	春二月丙申	曲赦青、冀	北魏寇汝陰	
	72 泰始三(467)	秋八月癸卯	大赦	沈攸之北伐	
	73 泰始三(467)	秋九月甲子	曲赦徐、兗、青冀	僑立四州	
	74 泰始四(468)	春正月己未	大赦	南郊	
	75 泰始四(468)	夏五月乙巳	曲赦廣州	亂平	
	76 泰始四(468)	秋九月庚午	曲赦揚、南徐兗、豫	不詳	
	77 泰始五(469)	春正月癸亥	大赦	耕籍田	
	78 泰始六(470)	春二月甲寅	大赦	皇太子納妃	
	79 泰始七(471)	夏四月辛丑	減天下死罪一等凡赦繫悉遣之	不詳	
	80 泰始七(471)	秋八月庚寅	大赦	疾愈	

後廢帝	81 泰豫元(472)	夏四月庚子	大赦	踐祚	
	82 元徽元(473)	春正月戊寅朔	大赦	改元	
	83 元徽二(474)	夏五月丁酉	大赦	平桂陽王休範	
	84 元徽二(474)	冬十一月丙戌	大赦	加元服	
	85 元徽四(476)	春正月己亥	大赦	耕籍田	
	86 元徽四(476)	秋七月己丑	曲赦南徐州	景素反	
	87 元徽四(476)	秋七月丙申	大赦	平建平王景素	
	88 元徽五(477)	夏六月甲戌	大赦	誅沈勃等	
順帝	89 昇明元(477)	秋七月壬辰	大赦	踐祚	
	90 昇明元(477)	冬十二月甲戌	大赦	蕭道成誅袁粲等	
	91 昇明二(478)	春二月甲申	曲赦荆州	平沈攸之	
	92 昇明二(478)	冬十月壬寅	減死罪一等五歲刑以下悉原	立皇后	

本表主要據《宋書》各帝本紀制成，凡參考其他史料補充者，均在備註註明。

＊文：文館詞林　　建：建康實錄

表五、蕭齊赦宥表

	年　　代	月　　日	赦　宥　狀　況	原　　因	備　註
高帝	1 建元元(479)	夏四月甲午	大赦	踐祚	
	2 建元元(479)	夏六月甲申	見刑入重者，降一等，并申前赦恩百日	立太子	
	3 建元元(479)	秋七月丁未	曲赦交州	遇亂	
	4 建元二(480)	春正月戊戌朔	大赦天下	不詳	
	5 建元二(480)	夏六月癸未	曲赦丹陽、二吳、義興四郡遭水尤劇之縣	水旱	
	6 建元三(481)	夏六月壬子	大赦	豫章王嶷疾	南齊22
	7 建元三(481)	不詳	大赦	水旱乖度	文667
	8 建元四(482)	春二月庚辰	原京師囚繫有差	武帝不豫	
武帝	9 建元四(482)	春三月壬戌	大赦	踐祚	
	10 建元四(482)	夏六月甲申	申壬戌赦恩百日	立太子	
	11 永明元(483)	春正月辛亥	大赦	南郊	
	12 永明元(483)	春三月丙辰	申辛亥赦恩五十日，原京師繫囚	政刑未理	
	13 永明元(483)	春三月戊寅	原赦四方見囚	同上	
	14 永明元(483)	夏六月丙寅	原坐事應覆奏者	不詳	
	15 永明二(484)	秋八月丙午	降宥京師獄及三署見徒	幸青溪宮	
	16 永明三(485)	春正月辛卯	大赦，都邑內罪應入重者降等	祠南郊	
	17 永明四(486)	春閏月辛亥	原宥殊死以下	籍田	

	18 永明五(487)	夏四月庚午	原降繫囚	殷祠太廟	
	19 永明六(488)	春正月壬午	原釋三署徒隸	不詳	
	20 永明七(489)	春正月辛亥	大赦	祠南郊	
	21 永明八(490)	秋七月癸卯	大赦	緯象愆度	
	22 永明九(491)	春正月辛丑	原遣京師繫囚	祠南郊	
	23 永明十一(493)	春正月癸丑	原遣京師繫囚	不詳	
	24 永明十一(493)	秋七月丁巳	曲赦南兗、兗、豫、司、徐五州	水旱	
鬱林王	25 永明十一(493)	秋七月戊辰	大赦	踐祚	南齊47
	26 永明十一(493)	秋八月丙戌	蕩宥北掠餘口已賞賜者許贖	踐祚	
	27 隆昌元(494)	春正月丁未	大赦	改元	
海陵王 明帝	28 延興元(494)	秋七月丁酉	大赦改元	踐祚	
	29 建武元(494)	冬十月癸亥	大赦改元	踐祚	
	30 建武二(495)	春正月辛未	原降京師繫囚	不詳	
	31 建武二(495)	夏四月己亥朔	原遣三署徒隸	不詳	
	32 建武二(495)	冬十月乙卯	大赦	納皇太子妃	
	33 建武四(497)	春正月	大赦	不詳	
	34 建武五(498)	春正月癸未朔	大赦	囹訟猶廣	
	35 永泰元(498)	夏四月甲寅	赦三署繫囚	改元	
	36 永泰元(498)	夏五月乙酉	曲赦浙東、吳、晉陵七郡	平王敬則之亂	
東昏侯	37 永元元(499)	春正月戊寅	大赦	改元	
	38 永元元(499)	夏四月己巳	大赦	立皇太子	
	39 永元元(499)	秋八月丙辰	曲赦京邑	蕭遙光反	
	40 永元元(499)	秋九月壬戌	大赦	頻誅大臣	
	41 永元二(500)	夏四月癸酉	曲赦京邑、南徐	誅崔慧景	

			、兗二州		
	42 永元二(500)	夏五月壬子	大赦	同上	文 669
	43 永元二(500)	夏五月乙丑	曲赦京邑、南徐	同上	
			、兗二州		
	44 永元三(501)	春正月辛亥	大赦	祠南郊	
	45 永元三(501)	夏六月戊子	曲赦江州安成、	蕭穎孚起兵	
			廬陵二郡		
	46 永元三(501)	秋七月癸巳	曲赦荊、雍二州	二州叛	
	47 永元二(500)	冬十一月乙卯	原遣領內繫囚	奉梁王舉義	
	48 永元三(501)	春正月乙巳	大赦	始受命	
和帝	49 中興元(501)	春三月乙巳	大赦改元	踐祚	
	50 中興元(501)	冬十二月	大赦	蕭衍被封建	
				安郡公	

本表主要據《南齊書》各帝本紀制成，凡參考其他史料補充者，均在備註註明。

＊文：文館詞林　　建：建康實錄　　南齊：南齊書

表六、蕭梁赦宥表

	年　　　　　代	月　　　日	赦宥狀況	原　因	備　註
武帝	1 天監元(502)	夏四月丙寅	大赦	踐祚	
	2 天監元(502)	夏四月己巳	開贖罪之科		
	3 天監元(502)	冬十一月甲子	大赦	立太子	
	4 天監二(503)	春正月辛酉	降死罪以下囚	南郊	
	3 天監二(503)	夏五月乙丑	曲赦益州	亂平	
	6 天監二(503)	冬十月	降都下死罪以下囚	皇子生	南史卷6.文 666
	7 天監三(504)	夏六月癸未	大赦	不詳	
	8 天監四(505)	春正月辛亥	大赦	祠南郊	
	9 天監四(505)	春二月壬辰	曲赦交州	亂平	
	10 天監五(506)	冬十一月乙丑	大赦	師出淹時	
	11 天監六(507)	秋八月戊子	赦天下	不詳	
	12 天監七(508)	夏四月乙卯	赦大辟以下	皇太子納妃	
	13 天監七(508)	秋八月丁巳	赦大辟以下未結正者	不詳	
	14 天監八(509)	春正月辛巳	赦天下	祠南郊	
	15 天監十(511)	春正月辛丑	大赦	祠南郊	
	16 天監十一(512)	春三月丁巳	曲赦揚、徐	旱	
	17 天監十二(513)	春正月辛巳	赦大辟以下	祠南郊	
	18 天監十三(514)	春二月丁亥	大赦	耕籍田	
	19 天監十四(515)	春月正乙巳朔	大赦	皇太子冠	
	20 天監十五(516)	秋九月壬辰	大赦	不詳	
	21 天監十五(516)	冬十一月丁卯	曲赦交州	亂平	
	22 天監十六(517)	春二月甲寅	赦罪人	耕籍田	南史卷6
	23 天監十七(518)	春正月丁巳朔	原逋叛之身	不詳	
	24 天監十七(518)	春二月甲辰	大赦	不詳	
	25 天監十八(519)	夏四月丁巳	大赦	受佛戒	
	26 普通元(520)	春正月乙亥朔	大赦	改元	

27	普通二(521)	春正月戊子	大赦	祠南郊	
28	普通三(522)	夏五月壬辰朔	大赦	日蝕	
29	普通四(523)	春正月辛卯	大赦	祠南郊	
30	普通六(525)	春正月辛亥	大赦	祠南郊	
31	普通六(525)	春三月丙午	寬宥新附人	不詳	
32	普通六(525)	秋七月壬戌	大赦	不詳	
33	普通七(526)	春正月辛丑朔	赦殊死以下	不詳	
34	普通七(526)	冬十一月庚辰	大赦	丁貴嬪卒	
35	大通元(527)	春正月乙丑	原宥散失官物	不詳	
36	大通元(527)	春三月甲戌	大赦改元	捨身同泰寺	
37	大通元(527)	冬十月甲寅	曲赦東豫州	魏元慶和內屬	
38	中大通元(592)	春正月辛酉	大赦	祠南郊	
39	中大通元(529)	夏六月壬午	大赦	公主疾篤	
40	中大通元(529)	冬十月己酉	大赦改元	捨身	
41	中大通三(531)	春正月辛巳	大赦	祠南郊	
42	中大通三(531)	秋七月乙亥	大赦	立皇太子	
43	中大通五(533)	春正月辛卯	大赦	祠南郊	
44	中大通六(534)	春二月癸亥	大赦	耕籍田	
45	大同元(535)	春正月戊申朔	大赦改元	捨身	
46	大同三(537)	春正月辛丑	大赦	祠南郊	
47	大同三(537)	秋八月辛卯	大赦	幸阿育王寺	
48	大同四(538)	秋七月癸亥	大赦	東冶徒李胤之降如來真舍利	
49	大同六(540)	春正月庚戌朔	曲赦司、豫、徐、兗四州	不詳	
50	大同六(540)	秋八月戊午	赦天下	不詳	
51	大同六(540)	冬十一月己卯	曲赦京邑	不詳	
52	大同七(541)	春正月辛巳	赦天下	祠南郊	
53	大同十(544)	夏五月	曲赦廣州	遇亂	南史卷7
54	大同十(544)	秋九月己丑	赦天下罪無輕重	降雨	
55	大同十一(545)	冬十月己未	復開贖罪科	不詳	

	56中大同元(546)	春三月乙巳	大赦	不詳	
	57中大同元(547)	夏四月丙戌	大赦改元	捨身	南史卷7
	58太清元(547)	春正月辛酉	大赦	祠南郊	
	59太清元(547)	夏四月丁亥	大赦改元	捨身	
	60太清元(547)	秋八月乙丑	赦沿邊新附諸州	侯景內附	
	61太清二(548)	夏五月辛亥	曲赦交、愛、德	亂平	
	62太清二(548)	秋八月甲辰	曲赦南豫州	侯景反	
簡文帝	63太清三(549)	夏五月辛巳	大赦	踐祚	
	64太清三(549)	夏五月壬午	赦北人爲奴婢者	踐祚	
	65大寶元(550)	春正月辛亥朔	大赦	改元	
豫章王	66大寶二(551)	秋八月戊午	大赦	禪位於豫章嗣王	
元帝	67承聖元(552)	冬十一月丙子	原宥長徒鏁土	踐祚	
	68承聖三(554)	春三月	赦囚徒	見大蛇	南史卷8
敬帝	69紹泰元(555)	冬十月己巳	大赦	踐祚	
	70太平元(556)	春正月戊寅	大赦	采石圍解	
	71太平元(556)	春正月癸未	曲赦吳興	杜龕降	
	72太平元(556)	春二月丙辰	曲赦東揚州	斬張彪	
	73太平元(556)	夏六月戊午	大赦	破齊軍	
	74太平元(556)	秋九月壬寅	大赦	改元	
	75太平二(557)	夏四月癸酉	曲赦江、廣、衡	平蕭勃	

本表主要據《梁書》各帝本紀制成，凡參考其他史料補充者，均在備註註明。

＊文：文館詞林

表七、陳朝赦宥表

	年　　　代	月　　　日	赦　宥　狀　況	原　　　因	備　註
武帝	1 永定元(557)	冬十月乙亥	大赦	踐祚	
	2 永定二(558)	春正月辛丑	赦罪無輕重	祀南郊	
文帝	3 永定三(559)	夏六月丙午	大赦	踐祚	
	4 天嘉元(560)	春正月癸丑	大赦	改元	
	5 天嘉元(560)	春二月戊戌	赦王琳黨	破王琳	
	6 天嘉元(560)	夏六月辛丑	赦京師殊死以下	國哀周忌	
	7 天嘉二(561)	春正月庚戌	大赦	不詳	
	8 天嘉二(561)	春二月庚寅	曲赦湘州諸郡	湘州平	
	9 天嘉三(562)	不詳	赦南川士民	平周迪	陳書35
	10 天嘉三(562)	春三月甲申	大赦	吳明徹南討	
	11 天嘉三(562)	夏四月癸卯	曲赦東陽郡	東陽郡平	
	12 天嘉四(563)	秋九月癸亥	曲赦京師	不詳	
	13 天嘉四(563)	冬十二月丙申	大赦	出兵討陳寶應	
	14 天嘉五(564)	秋七月丁丑	曲赦京師	疾愈	
	15 天嘉五(564)	冬十二月甲子	曲赦建安、晉安	平陳寶應、留異	
	16 天嘉六(565)	冬十二月癸亥	曲赦京師	愆陽累月	
	17 天康元(566)	春二月丙子	大赦	改元	
廢帝	18 天康元(566)	夏四月癸酉	大赦	踐祚	
	19 光大元(567)	春正月乙亥	大赦	改元	
	20 光大元(567)	冬十月辛巳	曲赦湘、巴	平華皎	
宣帝	21 太建元(569)	春正月甲子	大赦	踐祚	

	22 太建二(570)	春三月丙午	曲赦廣、衡	平歐陽紇	
	23 太建二(570)	春三月丁未	大赦	江南悉定	
	24 太建三(571)	春三月丁丑	大赦	不詳	
	25 太建三(571)	春三月丁丑	寬宥犯逆子弟	不詳	
	26 太建四(572)	秋九月辛亥	大赦	日蝕	
	27 太建六(574)	春正月壬戌朔	曲赦江右淮北	江淮不靖	
	28 太建十(578)	春三月乙酉	大赦	備周軍	
	29 太建十一(579)	冬十一月辛卯	大赦	辰象愆度	
後主	30 太建十四(582)	春正月丁巳	大赦	踐祚	
	31 太建十四(582)	秋九月丙子	大赦	捨身	
	32 至德元(583)	春正月壬寅	大赦	改元	
	33 至德二(584)	春正月癸巳	大赦	不詳	
	34 至德二(584)	冬十一月丙寅	大赦	不詳	
	35 至德三(585)	冬十一月辛巳	大赦	幸長干寺	
	36 至德四(586)	冬十一月己卯	大赦	和氣始萌	
	37 禎明元(587)	春正月戊寅	大赦	改元	
	38 禎明元(587)	秋九月甲午	大赦	蕭巖率眾降	

本表爲據《陳書》諸帝本紀而成。

表八、三國頒赦分類表——曹魏之部

	吉		禮			凶	禮		軍		禮		嘉							禮	其	不
	郊祀	籍田	謁陵	巡幸	其他	異象	災荒	其他	春蒐	政爭	寇亂	其他	踐祚	改元	加元服	立后	立太子	太子冠	太子婚	其他	其他	詳
文帝			2								1	1										
明帝						1					1	1						1		1		
齊王芳											2	1			3					2		
高貴鄉公											2	1	1	1						1		
元帝											2	1	1						1			

說明：　1.本表試圖以五禮來涵蓋皇帝肆赦的時機，

　　　　2.「異象」是指天禮的異常現象，如日蝕、月蝕等，

　　　　3.「災荒」除指自然災害，如水災、旱災，亦包括天災或人禍所造成的饑荒，

　　　　4.「政爭」是指統治階層內部的鬥爭，其包含宮廷鬥爭及強藩勒兵入京等動亂，由於均統治階層內部的矛盾，故均以「政爭」視之，如王敦之亂即是，

　　　　5.「寇亂」則指不屬於統治階層領導的地方性叛亂，如孫恩、盧循之亂；又外敵寇邊或歸降也視同「寇亂」。

表八、三國頒赦分類表──蜀漢之部

	吉禮					凶禮			軍禮				嘉禮								其他	不詳
	郊祀	籍田	謁陵	巡幸	其他	異象	災荒	其他	春蒐	政爭	寇亂	其他	踐祚	改元	加元服	立后	立太子	太子冠	太子婚	其他	其他	不詳
先主													1									
後主						1				1	5		1				1				1	3

說明：1.本表試圖以五禮來涵蓋皇帝肆赦的時機，

　　　2.「異象」是指天禮的異常現象，如日蝕、月蝕等，

　　　3.「災荒」除指自然災害，如水災、旱災，亦包括天災或人禍所造成的饑荒，

　　　4.「政爭」是指統治階層內部的鬥爭，其包含宮廷鬥爭及強藩勒兵入京等動亂，由於均統治階層內部的矛盾，故均以「政爭」視之，如王敦之亂即是，

　　　5.「寇亂」則指不屬於統治階層領導的地方性叛亂，如孫恩、盧循之亂；又外敵寇邊或歸降也視同「寇亂」。

表八、三國頒赦分類表──孫吳之部

	吉 禮					凶 禮			軍 禮				嘉							禮	其	不
	郊祀	籍田	謁陵	巡幸	其他	異象	災荒	其他	春蒐	政爭	寇亂	其他	踐祚	改元	加元服	立后	立太子	太子冠	太子婚	其他	他	詳
大帝權						1					1	1				1						6
廢帝亮											3		1				1			1		
景帝休													1				1				1	1
末帝皓				1		4					1	1	1							3	1	3

說明：　1.本表試圖以五禮來涵蓋皇帝肆赦的時機，

　　　　2.「異象」是指天禮的異常現象，如日蝕、月蝕等，

　　　　3.「災荒」除指自然災害，如水災、旱災，亦包括天災或人禍所造成的饑荒，

　　　　4.「政爭」是指統治階層內部的鬥爭，其包含宮廷鬥爭及強藩勒兵入京等動亂，由於均統治階層內部的矛盾，故均以「政爭」視之，如王敦之亂即是，

　　　　5.「寇亂」則指不屬於統治階層領導的地方性叛亂，如孫恩、盧循之亂；又外敵寇邊或歸降也視同「寇亂」。

表九、兩晉頒赦分類表

	吉禮					凶禮			軍禮				嘉禮								其他	不詳
	郊祀	籍田	謁陵	巡幸	其他	異象	災荒	其他	春蒐	政爭	寇亂	其他	踐祚	改元	加元服	立后	立太子	太子冠	太子婚	其他	其他	不詳
武帝		1		1		1	1				2		1	1		1					1	4
惠帝	1					1				11	1		2	3	1				3			6
懷帝						1				1	1	1	1	1			1					2
愍帝						1	1						1								1	1
元帝										1			2								1	1
明帝										1			1				1				1	
成帝	1			1		1		1					1	1	1	1						2
康帝													1									1
穆帝						1						1	1			1	1					4
哀帝							1						1	2						1		
海西公						1					1		1									1
簡文帝													1									
孝武帝						2	5				1						1	1	1			7
安帝				1		1					8	5	1	1	1							3
恭帝													1									

說明：1.本表試圖以五禮來涵蓋皇帝肆赦的時機，

　　　2.「異象」是指天禮的異常現象，如日蝕、月蝕等，

　　　3.「災荒」除指自然災害，如水災、旱災，亦包括天災或人禍所造成的饑荒，

　　　4.「政爭」是指統治階層內部的鬥爭，其包含宮廷鬥爭及強藩勒兵入京等動亂，由於均統治階層內部的矛盾，故均以「政爭」視之，如王敦之亂即是，

　　　5.「寇亂」則指不屬於統治階層領導的地方性叛亂，如孫恩、盧循之亂；又外敵寇邊或歸降也視同「寇亂」。

表十、劉宋頒赦分類表

	吉禮					凶禮			軍禮				嘉禮								其	不
	郊祀	籍田	謁陵	巡幸	其他	異象	災荒	其他	春蒐	政爭	寇亂	其他	踐祚	改元	加元服	立后	立太子	太子冠	太子婚	其他	其他	詳
武帝	1												3			1					1	1
少帝						1							1	1								
文帝	2	2	3							3	4		1				1	1			1	6
孝武帝	1	2		4	2		1		1	3	1	1	1	1					1			2
前廢帝										1			1	1		1				1		
明帝	1	1								7	3		1				1		1		2	2
後廢帝		1								4			1	1	1							
順帝										2			1			1						

說明：1.本表試圖以五禮來涵蓋皇帝肆赦的時機，

2.「異象」是指天禮的異常現象，如日蝕、月蝕等，

3.「災荒」除指自然災害，如水災、旱災，亦包括天災或人禍所造成的饑荒，

4.「政爭」是指統治階層內部的鬥爭，其包含宮廷鬥爭及強藩勒兵入京等動亂，由於均統治階層內部的矛盾，故均以「政爭」視之，如王敦之亂即是，

5.「寇亂」則指不屬於統治階層領導的地方性叛亂，如孫恩、盧循之亂；又外敵寇邊或歸降也視同「寇亂」。

表十一、蕭齊頒赦分類表

	吉禮					凶禮			軍禮				嘉禮								其	不
	郊祀	籍田	謁陵	巡幸	其他	異象	災荒	其他	春蒐	政爭	寇亂	其他	踐祚	改元	加元服	立后	立太子	太子冠	太子婚	其他	他	詳
武帝							2				1		1				1				2	1
武帝	4	1	1	1	1	1							1				1				2	3
鬱林王													2	1								
海陵王													1									
明帝											1		1	1					1		1	3
東昏侯	1									1	6		1				1					
和帝													2								2	

說明：　1.本表試圖以五禮來涵蓋皇帝肆赦的時機，

　　　　2.「異象」是指天禮的異常現象，如日蝕、月蝕等，

　　　　3.「災荒」除指自然災害，如水災、旱災，亦包括天災或人禍所造成的饑荒，

　　　　4.「政爭」是指統治階層內部的鬥爭，其包含宮廷鬥爭及強藩勒兵入京等動亂，由於均統治階層內部的矛盾，故均以「政爭」視之，如王敦之亂即是，

　　　　5.「寇亂」則指不屬於統治階層領導的地方性叛亂，如孫恩、盧循之亂；又外敵寇邊或歸降也視同「寇亂」。

表十二、蕭梁頒赦分類表

	吉禮					凶禮			軍禮				嘉禮								其	不
	郊祀	籍田	謁陵	巡幸	其他	異象	災荒	其他	春蒐	政爭	寇亂	其他	踐祚	改元	加元服	立后	立太子	太子冠	太子婚	其他	其他	不詳
武帝	15			1		1	1	2		8	1	2	1				2	1	1	1	7	15
簡文帝													2	1								1
豫章王													1									
元帝					1								1									
敬帝											5	1	1									

說明：　1.本表試圖以五禮來涵蓋皇帝肆赦的時機，

　　　　2.「異象」是指天禮的異常現象，如日蝕、月蝕等，

　　　　3.「災荒」除指自然災害，如水災、旱災，亦包括天災或人禍所造成的饑荒，

　　　　4.「政爭」是指統治階層內部的鬥爭，其包含宮廷鬥爭及強藩勒兵入京等動亂，由於均統治階層內部的矛盾，故均以「政爭」視之，如王敦之亂即是，

　　　　5.「寇亂」則指不屬於統治階層領導的地方性叛亂，如孫恩、盧循之亂；又外敵寇邊或歸降也視同「寇亂」。

表十三、陳朝頒赦分類表

	吉　禮					凶　禮			軍　禮				嘉　　　　禮								其	不
	郊祀	籍田	謁陵	巡幸	其他	異象	災荒	其他	春蒐	政爭	寇亂	其他	踐祚	改元	加元服	立后	立太子	太子冠	太子婚	其他	他	詳
武帝	1												1									
文帝						1				7	1	1	2							1		2
廢帝							1			1			1	1								
宣帝						2				4	1											2
後主								1			1		1	2						2	2	

說明：　1.本表試圖以五禮來涵蓋皇帝肆赦的時機，

　　　　2.「異象」是指天禮的異常現象，如日蝕、月蝕等，

　　　　3.「災荒」除指自然災害，如水災、旱災，亦包括天災或人禍所造成的饑荒，

　　　　4.「政爭」是指統治階層內部的鬥爭，其包含宮廷鬥爭及強藩勒兵入京等動亂，由於均統治階層內部的矛盾，故均以「政爭」視之，如王敦之亂即是，

　　　　5.「寇亂」則指不屬於統治階層領導的地方性叛亂，如孫恩、盧循之亂；又外敵寇邊或歸降也視同「寇亂」。

參 考 書 目

一、史料部分（按經史子集排列）

	十三經注疏	台北，藝文印書館，民68年
程頤	易程傳	台北，世界書局，民68年五版
朱熹	四書集注	台北，台灣中華書局，民52年一版
丘濬	大學衍義補	京都，中文出版社，1979
左丘明	國語（新校注本）	台北，里仁書局影印本，民69
司馬遷	史記	北京，中華書局，1972
班固	漢書	北京，中華書局，1964
范曄	後漢書	北京，中華書局，1965
王先謙	後漢書集解	北京，中華書局，1981
陳壽	三國志	北京，中華書局，1959
盧弼	三國志集解	北京，中華書局，1982
房玄齡	晉書	北京，中華書局，1974
吳士鑒	晉書斠注	台北，藝文印書館
沈約	宋書	北京，中華書局，1974
蕭子顯	南齊書	北京，中華書局，1972
朱季海	南齊書校議	北京，中華書局，1983
姚思廉	梁書	北京，中華書局，1973
姚思廉	陳書	北京，中華書局，1972
李延壽	南史	北京，中華書局，1975
魏徵	隋書	北京，中華書局，1973
許嵩	建康實錄	上海，上海古籍，1987
任乃強	華陽國志校補圖注	上海，上海古籍，1988
梁宗懍撰	荊楚歲時記	山西，山西人民出版社，1987

宋金龍校注

馬非百	秦集史	北京，中華書局，1985
徐天麟	西漢會要	上海，上海古籍，1978
徐天麟	東漢會要	上海，上海古籍，1978
楊　晨	三國會要	台北，世界書局，民55年二版
汪兆鏞	稿本晉會要	北京，書目文獻，1988
朱銘盤	南朝宋會要	上海，上海古籍，1984
朱銘盤	南朝齊會要	上海，上海古籍，1984
朱銘盤	南朝梁會要	上海，上海古籍，1984
朱銘盤	南朝陳會要	上海，上海古籍，1986
張鵬一	晉令輯存	陝西，三秦出版社，1989
長孫無忌	唐律疏議（點校本）	北京，中華書局，1983
唐玄宗	大唐六典	台北，文海出版社，民63年四版
杜佑	通典（點校本）	北京，中華書局，1989
王樹民	廿二史劄記校證	北京，中華書局，1985
勞榦	居延漢簡——考釋之部	台北，中央研究院歷史語言研究所，民49年
管仲	管子	台北，臺灣中華書局，四部備要本，民67年三版
蔣禮潛	商君書錐指	北京，中華書局，1986
陳奇猷	韓非子集釋	台北，漢京文化事業，民72年
彭鐸	潛夫論箋校釋	北京，中華書局，1986
王利器	顏氏家訓集解	上海，上海古籍，1980
虞世南	北堂書鈔	北京，中國書店，1989
徐堅	初學記	北京，中華書局，1985
歐陽詢	藝文類聚	上海，上海古籍，1981
李昉	太平御覽	台北，臺灣商務印書館，民69年四版

王欽若	冊府元龜	台北，**臺灣**中華書局，民56年一版
徐震堮	世說新語校箋	香港，中華書局，1987
許敬宗	影弘仁本文館詞林	東京，古典研究會，1969

二、近人論著（按著、編、譯者姓名筆劃排列）

1.專書之部

中國魏晉南北朝史學會	魏晉南北朝史研究	成都，四川社科，1986
王仲犖	魏晉南北朝史	上海，上海人民，1979
方國瑜	彝族史稿	成都，四川民族，1983
方國瑜	滇史論叢	上海，上海人民，1982
毛漢光	中國中古政治史論	台北，聯經出版事業，1990
田餘慶	東晉門閥政治	北京，北京大學，1989
朱紹侯	軍功爵制研究	上海，上海人民，1990
呂思勉	兩晉南北朝史	上海，上海古籍，1983
呂思勉	讀史札記	台北，本鐸影印本，民72
沈家本	歷代刑法考	北京，中華書局，1985
李祖桓	仇池國志	北京，書目文獻，1986
杜正勝	編戶齊民	台北，聯經出版事業，1990
何啟民	中古門第論集	台北，學生書局，民71
周一良	魏晉南北朝史札記	北京，中華書局，1985
林劍鳴	法與中國社會	長春，吉林文史，1988
邱漢平	歷代刑法志	台北，三民書局，1964
西田太一郎著段秋關譯	中國刑法史研究	北京，北京大學，1985
高明士	唐代東亞教育圈的形成	台北，國立編譯館，民73
徐式圭	中國大赦考	上海，商務印書館，1934

唐長孺	魏晉南北朝史論叢續編	北京，三聯書店，1959
唐長孺	魏晉南北朝史拾遺	北京，中華書局，1981
栗勁	秦律通論	濟南，山東人民，1985
陳寅恪	魏晉南北朝史講演錄	合肥，黃山書社，1987
陳寅恪	金明館叢稿初編	上海，上海古籍，1980
黃烈主編	魏晉隋唐史論集（第二輯）	北京，中國社會科學，1983
喬治忠編	衆家編年體晉史	天津，天津古籍，1989
	歷代刑法誌	北京，群衆出版社，1988
程樹德	九朝律考	北京，中華書局，1963
曾資生	中國政治制度史	台北，啓業書局，1973
楊寬	中國古代陵寢制度史研究	北京，中華書局，1987
寧漢林	中國刑法通史——第二分冊	瀋陽，遼寧大學，1986
寧漢林	中國刑法通史——第四分冊	瀋陽，遼寧大學，1989
萬繩楠	魏晉南北朝史論稿	合肥，安徽教育，1983
	睡虎地秦墓竹簡	北京，文物出版社，1978
大庭脩	秦漢法制史の研究	東京，創文社，1982
川勝義雄	魏晉南北朝	東京，講談社，1981
川勝義雄	六朝貴族社會の研究	東京，岩波書店，1982
仁井田陞	（補訂）中國法制史研究・刑法	東京，東京大學，1980
森三樹三郎	梁の武帝——佛教王朝の悲劇	京都，平樂寺書店，1956
Brain. E. Mcknight	The Quality Of Mercy-Amnesties And Traditional Chinese Justice.	Honolulu: University Of Hawaii, 1981
Hulsewe A.F.P	Remnant of Han law	Leiden: E. J. Brill, 1955

2.論文之部

方北辰	南朝齊梁的「三調」考	文史31，1988
田餘慶	漢魏之際的青徐豪霸問題	歷史研究1983-3
何吉賢	試論八王之亂爆發的原因	河北師範大學學報1981-4
周一良	梁武帝及其時代	收入《中華學術論文集》北京，中華書局，1985
祝總斌	八王之亂爆發原因試探	北京大學學報1980-6
祝總斌	略論晉律的「儒家化」	中國史研究1985-2
祝總斌	評晉武帝的民族政策──兼論匈奴劉猛、鮮卑樹機能反晉之性質	收入中國魏晉南北朝史學會編《魏晉南北朝史研究》，成都，四川社科，1986
高明士	光被四表──中國文化與東亞世界	收入《中國文化新論・根源篇》台北，聯經出版事業，民70年
高明士	政治與法制	收入王仲孚等編著《中國文明發展史》上冊，台北，國立空中大學，民77年
高明士	治國平天下	收入《中國文明的精神26.・政治理想與政治制度》廣播電視事業發展基金，民國79年
張金光	關於秦刑徒的幾個問題	中華文史論叢1985-1
康樂	民爵與民望	漢學研究4-1　民75年6月
陳勇 陳漢生	劉宋時期的皇權與禁衛軍	北京大學學報1988-3
胡若虛	我國古代贖刑制度述略	社會科學（上海）1983-11
劉令輿	中國大赦制度	收入中國法制史學會編《中國法制史論文集》民國70
劉顯叔	論魏末政爭中的黨派分際	史學彙刊9，民國67

傅克輝　　魏晉南朝黃籍之研究　　　山東大學學報（哲社版）1989-1

羅宏曾　　「八王之亂」爆發原因芻　　《天津社會科學》1985-5
　　　　　議

安田二郎　晉安王子勛の叛亂につい　東洋史研究25-4，1967
　　　　　て──南朝貴族體制と豪
　　　　　族土豪

佐竹昭　　中國古代における赦につ　《地域文化研究》（廣島大學總合科
　　　　　いて──日中比較のため　學部紀要Ⅰ）第7卷，1981
　　　　　の一試論

金子修一　中國古代について皇帝祭　史學雜誌87-2，1978年2月
　　　　　祀の一考察

金子修一　魏晉より隋唐に至る郊祀　史學雜誌88-10，1979年10月
　　　　　・宗廟の制度について

福原啓郎　西晉代宗室諸王の特質─　史林68-2，1985年3月
　　　　　─八王の亂を手掛りとし
　　　　　て